스키니 셰프의 다이어트 샐러드

스키니 셰프의 다이어트 샐러드

초판 1쇄 인쇄 2016년 3월 10일
초판 1쇄 발행 2016년 3월 17일

지은이 | 정세희
사진 | 박경배
펴낸이 | 金滇珉
펴낸곳 | 북로그컴퍼니
편집부 | 김옥자 · 태윤미 · 김현영 · 이예지
디자인 | 김승은
마케팅 | 김선규 · 임우열
경영기획 | 김형곤
주소 | 서울시 마포구 월드컵북로1길 60(서교동), 5층
전화 | 02-738-0214
팩스 | 02-325-1031
등록 | 제2010-000174호

ISBN 978-89-94197-99-9 13590

※잘못된 책은 구입한 곳에서 바꿔드립니다.
※이 책은 북로그컴퍼니가 저작권자와의 계약에 따라 발행한 책입니다. 저작권법에 의해 보호받는 저작물이므로,
  출판사와 저자의 허락 없이는 어떠한 형태로도 이 책의 내용을 이용할 수 없습니다.
※이 책에는 네이버 나눔글꼴이 사용되었습니다.

Diet Salad

스키니 셰프의 다이어트 샐러드

정세희 지음

북로그컴퍼니

Never trust a skinny chef?

요리와 음식에 관한 유명한 외국 격언 중에 이런 말이 있어요.
"Never trust a skinny chef!"

날씬하거나 마른 셰프를 믿지 말라는 뜻이죠. 워낙 많은 음식과 여러 재료를 맛봐야 하기 때문에 셰프는 살찔 수밖에 없다, 마른 셰프는 본인도 먹지 않을 만큼 맛없는 음식을 만든다, 라는 말이에요. 하지만 늘 음식을 만들고 먹어야 하는 환경에서도 건강하고 날씬한 몸을 유지하는 스키니 셰프가 있다면 어떨까요? 그 셰프의 레시피야말로 다이어트와 건강의 비법이 아닐까요? 그러니 'You can trust a skinny chef!', 즉 날씬한 셰프야말로 당신이 믿어야 할 셰프겠지요?

날씬한 몸매를 유지하고 건강을 지킬 수 있는 스키니 셰프의 비법, 지금부터 알려드릴게요. 재료 선택, 조리 방법, 하루 식단, 한 달, 일 년, 평생의 식습관까지. 스키니 셰프의 특별한 레시피를 믿어보세요!

"Trust me! I'm a skinny chef!"

완벽한 한 끼 식사,
샐 러 드

    샐러드에 대한 사람들의 가장 큰 오해와 편견은 '맛이 없다', 그리고 '활동하는 데 필요한 힘과 에너지를 제공하는 한 끼 식사로 충분하지 않다'라는 것이겠죠. 하지만 이런 생각들은 음식 재료와 친숙하지 않고 샐러드에 대해 잘 모르는 데서 비롯된 잘못된 인식일 뿐이에요.

    샐러드 하면 생각나는 걸 떠올려볼까요? 양상추, 닭가슴살, 당근, 파프리카, 발사믹 비니거, 올리브 오일… 더 생각나는 게 있나요? 이렇게 한정적인 재료로는 매일 맛있게 먹을 수 있는 샐러드를 만들 수 없는 게 당연해요.

    하지만 여러 가지 재료와 친숙해지고 맛을 잘 이해하고, 영양소를 고려한 다양한 조리법까지 알게 된다면 샐러드는 그야말로 매일 새롭고 맛있게 먹을 수 있는 한 끼 식사가 될 수 있어요. 어렵고 복잡할 것 같다고요? 전혀 그렇지 않아요! 샐러드의 기본기만 잘 익히면 누구나 완벽한 샐러드를 만들 수 있어요.

    샐러드가 얼마나 다양하고 풍성한지 알게 된다면 깜짝 놀랄 거예요!

○ PROLOGUE ○

스키니 셰프를 믿으세요!

8킬로그램의 깨달음!

저는 트레이너도 아니고 다이어트 전문가도 아니에요. 연예인이나 모델처럼 좋은 몸매를 유지해야 하는 직업을 가진 것도 아니고요. 여자라면 누구나 그렇듯이 몸매 관리와 외모에 관심이 많아 1년 365일 식단을 조절하며 예쁘고 건강한 몸을 유지하고 싶어 하는 평범한 여자예요. 혹독하게 자기를 관리하는 게 얼마나 어려운 일인지도 잘 알고 있고요.

중학생 즈음 시작된 외모에 관한 관심은 사춘기를 지나 고등학생 때부터는 구체적으로 몸에 대한 관심과 다이어트로 이어졌어요. 통통한 외모에 대한 불만이 정점을 찍었던 대학생 때는 우울하다 못해 의기소침해지기 일쑤였어요. 그래서 잘못된 다이어트를 시도하기도 했죠.

원 푸드 다이어트(One Food Diet)부터 무작정 굶는 다이어트까지 안 해본 게 없었어요. 그러다 밤늦게 폭식하고 다음 날 땡땡 부은 얼굴을 보며 땅을 치고 후회하기도 했고요. 급기야 연예인이 다녔다는 유명 단식원에도 가게 됐어요. 물만 마시면서 산책과 운동, 마사지 등으로 시간을 보내니 살은 생각했던 것보다 훨씬 더 많이 빠졌어요. 60킬로그램이었던 몸무게가 단 일주일 만에 52킬로그램이 되었으니까요. 갸름해진 얼굴과 태어나서 처음 보게 된 손등의 뼈 라인을 보며 감동했어요. 정말 힘들었지만 굶어서라도 살을 빼길 잘했다고 생각했죠.

하지만 기쁨은 딱 그때까지였어요. 집으로 돌아온 후 한 끼를 먹을 때마다 1킬로그램씩 늘어나는 몸무게를 보며 충격을 받았죠. 아니, 제 뜻과 상관없이 왔다 갔다 하는 몸무게가 무섭기까지 했어요. 그리고 깨달았죠. 굶어서 뺀 살은 유지하는 게 굶는 것보다 더 힘들다는 진리를요. 그날부터 마음을 다잡고 운동을 시작했어요.

매일 꾸준히 운동을 하니까 정말 몸이 달라졌어요. 날씬해지고 예뻐지는 몸의 변화와 더불어 에너지와 활력도 넘쳐나 하루하루가 즐거웠어요. 그리고 마침내 원하는 몸매를 거울 속에서 확인했을 때의 그 환희란! 그때 다짐했죠.

'평생 꾸준히 운동해서 거울을 볼 때마다 이 기쁨을 느끼겠어!'

잘 먹고 제대로 먹어야 한다는 상식!

그렇게 운동을 시작한 지 3년쯤 됐을 때, 예쁘고 건강한 몸매는 운동만으로 만들 수 없다는 또 하나의 진리를 깨닫는 순간이 찾아왔어요. 저는 당시 미국에서 유학을 하고 있었고 다짐대로 꾸준히 운동을 하고 있었어요. 덕분에 체중이 크게 늘지는 않았는데, 이상하게 점점 아랫배가 볼록해지고 피부는 거칠어지고 몸의 탄력도 떨어지고 별로 한 일도 없는데 쉽게 피곤해졌어요. 그저 밥만 먹었을 뿐인데 손끝 하나 움직이고 싶지 않고 침대에 누워만 있고 싶은 무기력감에 시달렸죠. 그러던 어느 날, 이런 생각이 문득 떠올랐어요.

'어쩌면 내 식습관에 문제가 있을지도 몰라!'

타지 생활의 스트레스를 고지방 육류, 베이컨과 소시지 등 고염분 가공육, 고탄수화물 음식으로 풀고 있었거든요. 몸이 힘드니까 이제는 예쁜 몸매보다 건강해져야겠다는 생각이 더 간절해졌어요.

그날부터 내 몸이 필요로 하는 영양소를 충분히 섭취할 수 있는 건강식, 특히 영양이 고르게 균형 잡힌 샐러드로 한 끼 한 끼를 채우기 시작했어요. 그 후 어떻게 되었을까요? 살이 빠지는 건 물론이고 거짓말처럼 피부와 얼굴빛이 좋아졌어요. 피로 역시 더 이상 느끼지 못했고요. 그렇게 제 몸에서 일어나는 좋은 변화, 건강한 변화를 경험하면서 저는 확신했죠.

'체중 감량뿐만 아니라 건강을 위해서 잘 먹고, 제대로 먹어야 해!'

뉴욕 핫 레스토랑이 알려준 기적의 레시피!

'채소와 단백질을 많이 먹어야 한다!'라는, 누구나 아는 기본적인 상식에서 출발한 제 건강식은 요리를 배우면서 더 건강한 선택(Healthier Choice)이 가능해졌어요. 사실 요리를 배워야겠다고 결심한 계기도 바로 여기에 있거든요. 건강하게 먹고 싶은데 아는 건 양상추와 발사믹 비니거를 응용한 드레싱밖에 없으니 잘 먹고 잘 살려면 재료와 요리를 더 알아야겠다고 생각한 거죠. 그런데 막상 수많은 재료와 레시피를 배우자, 예상치 못한 제약에 부딪혔어요. 이 재료는 맛있지만 몸에 안 좋고, 저 레시피는 맛있지만 기름을 너무 많이 써서 몸에 안 좋고… 등등. 결국 '맛있고 건강한 음식'은 이 세상에 없구나, 라는 생각이 굳어졌죠.

하지만 그때, 운명처럼 맨해튼의 가장 건강한 레스토랑을 만나게 됐어요. 크림과 버터, 튀기는 조리법을 쓰지 않고도 맛있는 요리를 만들어 미쉐린 스타까지 받은 유일무이한 레스토랑 '루즈 토맛(Rouge Tomate)'! 그곳에서 일할 기회를 얻게 되었고, 다양한 조리법과 레시피들을 접하면서 '맛있고 건강한, 게다가 만들기도 쉬운' 건강식이 가능하다는 걸 알게 됐어요. 그야말로 두 번째 환희였죠!

한국에 돌아온 후, 뉴욕 핫 레스토랑에서 익힌 시크릿 레시피를 한국 재료와 한국인 입맛에 맞게 바꾸는 작업을 시작했어요. 더불어 좀 더 쉽고 즐겁게, 맛있고 건강하게 만들어 먹을 수 있는 레시피를 연구했죠. 건강에 좋으니 복잡한 레시피를 감당하라, 혹은 건강하려면 맛없는 음식을 참고 먹어라, 라고 말하는 건 너무 가혹하고, 현실적이지도 않으니까요. 자기 입맛에 맞지 않는 무지방, 무염, 무탄수화물의 혹독한 저칼로리 식단 대신 건강한 재료(Healthier Ingredients; 저지방육류, 불포화지방, 복합탄수화물)를 건강하게 조리한 맛있는 음식이 필요한 거죠. 그렇게 연구한 음식들을 건강한 레스토랑을 표방하는 '노블 카페 & 헬시 다이닝'에서 선보였는데, 그 결과는 성공적이었어요! 많은 사람들이 건강하고 맛있는 요리에 놀라움과 기쁨을 금치 못했죠. 이에 힘입어 쿠킹 클래스를 열고 방송에 출연하는 등 더 많은 사람들에게 '건강한 음식이 맛있다'는 사실을 알리는 데 힘썼어요. 그리고 그간 제가 선보이고 연구한 모든 결과를 이 책에 담았어요.

자, 그럼 스키니 셰프의 특별한 비법을 들어볼 준비가 되셨나요?

스키니 셰프 정세희

○ CONTENTS ○

008 스키니 셰프를 믿으세요!
016 레시피를 따라 하기 전에 알아야 할 것들

PART 1   드레싱의 모든 것

020 Oil 오일
022 White Herb Oil 화이트 허브 오일
024 Green Herb Oil 그린 허브 오일
026 Citrus Oil, Citrus Vanilla Bean Oil 시트러스 오일, 시트러스 바닐라 빈 오일
028 Curry Oil, Garlic Oil, Chili Oil 커리 오일, 갈릭 오일, 칠리 오일
030 Vinegar 비니거
032 Herb Vinegar 허브 비니거
034 Fruity Vinegr 과일 비니거
036 Stock 육수
038 쉽게 이해하는 드레싱
039 샐러드별 어울리는 드레싱
044 샐러드를 '매일' '쉽게' 만드는 방법!
047 샐러드를 '더 맛있게' 만드는 방법!

PART 2   아침에, 가뿐하게 먹기 좋은 샐러드

050 Simple Green Salad 심플 그린 샐러드
052 Spring Garden Salad 스프링 가든 샐러드
054 Carrot Salad with Orange Vanilla Dressing 오렌지 바닐라 당근 샐러드
056 Orange Honey Glazed Carrot Salad 오렌지 허니 당근 샐러드
058 Pickled Beet with Ricotta Cheese 레몬 리코타 비트 샐러드
060 Shaved Asparagus, Beet Salad 아스파라거스 비트 샐러드

062	Autumn Panzanella	구운 애호박, 가지 샐러드
064	Veggie Salad with Olive Yogurt	올리브 요거트 베지 샐러드
066	Curried Cauliflower with Couscous	커리 콜리플라워 쿠스쿠스 샐러드
068	Tomato Panzanella	토마토 브레드 샐러드
070	Roasted Cauliflower Salad	구운 콜리플라워 샐러드
072	Roasted Root Veggie Salad	뿌리채소 오븐구이 샐러드
074	Marinaded Veggie Salad	채소 마리네이드 샐러드
076	Simple Veggie Terrine	구운 채소와 페타 리코타
078	Zoodles with Basil Tomato Pesto	토마토 바질 페스토 주키니 파스타
080	White Asparagus with Anchovy Fillets	아스파라거스 앤초비 샐러드
082	Roasted Cauliflower with Nut Pesto	구운 콜리플라워와 견과류 페스토

PART 3 운동 전후, 단백질 가득한 샐러드

086	Super Skinny Salad	스키니 샐러드
088	Asparagus Salad with Quail Eggs	아스파라거스 메추리알 샐러드
090	Warm Autumn Panzanella	버섯 수란 샐러드
092	Tofu Salad with Blue Cheese Yogurt	블루 치즈 요거트 두부 샐러드
094	Grilled Mushroom Salad with Beans and Peas	새송이버섯과 빈 샐러드
096	Mexicali Salad	멕시칸 샐러드
098	Curry Yogurt Chicken Salad	커리 요거트 치킨 샐러드
100	Grilled Chicken Salad with Pickled Onion	양파 피클 치킨 샐러드
102	Chili Lime Chicken Salad	칠리 라임 치킨 샐러드
104	Curried Carrot and Pickled Beet Salad	커리 당근과 비트 피클 샐러드
106	Ground Beef Salad with MaYogurt	그라운드 비프 샐러드
108	Steak Salad with Guacamole and Yogurt	과카몰리 스테이크 샐러드
110	Beef Tenderloin Salad with Herby Dressing	안심 스테이크 허브 드레싱 샐러드
112	Seared Duck Breast Salad	오리 가슴살 스테이크 샐러드
114	Smoked Duck Breast with Pickled Cabbage Salad	훈제 오리와 적배추 피클 샐러드
116	Pork Tenderloin and Wheat Berry Salad	돼지 안심 통밀 샐러드

PART 4　　배고플 때, 포만감을 주는 샐러드

120　Wilted Swiss Chard and Pickled Chard Stem Salad 근대 샐러드

122　Oat Salad with Pickled Walnut 귀리 호두 피클 샐러드

124　Black Rice Quinoa Salad 흑미 퀴노아 버섯 샐러드

126　Healthy Yummy Skinny Toast 스키니 토스트

130　Spinach Bean Purée Soup 시금치 그린빈 수프

132　Cauliflower Mushroom Soup with Truffle Oil 콜리플라워 버섯 수프와 트러플 오일

134　Tomato Bisque 토마토 비스크

136　Ginger Carrot Soup 당근 생강 수프

138　Chili Con Carne 칠리 빈 수프

140　Corn Soup 콘 수프

PART 5　　지쳤을 때, 기분전환용 상큼한 샐러드

144　Celery Apple Salad 셀러리 사과 샐러드

146　Strawberry Mint Caprese 딸기 민트 카프레제

148　Roasted Pears and Brussels Sprouts Salad 구운 배 샐러드

150　Wine Poached Pear Salad 와인 배 샐러드

152　Roasted Beet and Apple Salad 구운 비트와 사과, 사과칩 샐러드

154　Baked Apples and Fig Salad 구운 사과, 무화과 샐러드

156　Waldorf Salad 사과, 배 샐러드와 레몬 호두

158　Summer Panzanella 수박 멜론 샐러드

160　Roasted Bell Pepper and Tomato Salad 구운 파프리카 토마토 샐러드

162　Pickled Tomato Salad with Chickpeas 토마토 피클과 병아리콩 샐러드

164　Summer Veggie Salad with Candied Pumpkin Seed 여름 채소 샐러드

166　Roasted Persimmon and Beet Salad 구운 단감 비트 샐러드

168　Winter Citrus Salad 겨울 시트러스 샐러드

PART 6　　특별한 날, 스타일리시하게 즐기는 저칼로리 샐러드

172　Walu with Yuzu Soy Sauce 흰 살 생선 세비체와 유자 간장 드레싱

174	Prawn Ceviche with Lime Soy Sauce 라임 간장 새우
176	Scallop Ceviche with Lime Mango 가리비 관자와 라임 망고
178	Tuna Ceviche with Lime Yogurt 참치 세비체와 라임 요거트
180	Baby Cuttlefish Ceviche 베이비 갑오징어 세비체와 레몬 민트 드레싱
182	Smoked Salmon with Apple Butter, Lemon Chive Yogurt 훈제 연어와 애플 버터, 레몬 차이브 요거트
184	Tuna Ceviche with Toasted Sesame Seed Oil 간장 참치 세비체
186	Halibut Ceviche in Pomegranate Juice 광어 세비체와 석류 라임 드레싱
188	Seafood Salad 해산물 샐러드
190	Braised Leek with Scallops in Shells 가리비 대파 샐러드
192	Shrimp Garlic Chip Salad 새우 마늘칩 샐러드
194	Salad of Crab Meat and Avocado 아보카도 대게 샐러드
196	Skinny Tuna Salad 스키니 참치 샐러드
198	Poached Baby Octopus Salad 주꾸미 샐러드
200	Shrimp Salad with Spicy Yogurt 스파이시 요거트 새우 샐러드
202	Sea Scallops with Brussels Sprouts 관자 구이 샐러드
204	Seared Tuna with Zucchini Noodle 구운 참치와 호박면 샐러드
206	Steamed Lobster, Grapefruit and Hazelnut Crumble 스팀 랍스터와 자몽, 헤이즐넛 크럼블
208	Poached Mackerel with Citrus Crumble 포치한 삼치와 시트러스 크럼블
210	Lobster Salad with Ginger Peach Dressing 망고 랍스터 샐러드

PART 7 — 세상에서 가장 건강한 파스타, 리소토, 그리고 스테이크

214	Falafel, Cucumber Raita, and Seasonal Condiments 팔라플과 오이 요거트, 계절별 곁들임
218	Whole Grain Pasta with Lemon Coconut Sauce 레몬 코코넛 소스 파스타
220	Brown Rice Mushroom Risotto 레몬 버섯 리소토
222	Whole Grain Penne with Ricotta Tomato Sauce 리코타 치즈 토마토 소스 파스타
224	Whole Grain Pasta with Mint Yogurt Sauce 민트 요거트 파스타

226　여러분은 이미 건강해지고 예뻐지는 비법을 알고 있답니다!

○ THINGS YOU NEED TO KNOW ○

레시피를 따라 하기 전에 알아야 할 것들

이 책의 레시피는 특별한 표시가 없으면
전부 1인분 기준이에요.
단, PART 1의 오일과 비니거는 4-5회 분량이에요.

'Optional'은 있으면 좋지만 없어도 샐러드의 맛을 크게 바꾸지 않는 재료예요.
조리 과정에 있다면 이에 따라주시고, 조리 과정에 없다면 완성 후 곁들이세요.

'다이스'는 정육면체 내지 정사각형으로 자르는 커팅 방법이에요.
사방 3mm 크기는 스몰 다이스,
사방 5-6mm 크기는 미디엄 다이스,
사방 10mm 크기는 라지 다이스로 표시했어요.

1티스푼은 5ml이고요,
1테이블스푼은 15ml,
1컵은 240ml입니다.

EVOO란 엑스트라 버진 올리브 오일을 말해요.
(Extra Virgin Olive Oil)

all about dressing

○ PART 1 ○

드레싱의 모든 것

샐러드가 맛없는 음식이라고 생각되는 이유 중 하나는 재료들의 높은 수분 함량 때문이에요. 요리의 기본적인 개념은 재료의 수분을 열로 빼내 재료의 맛을 강화하는 거예요. 하지만 샐러드는 그 반대죠. 채소, 과일 등 수분 함량이 높은 재료를 대부분 생으로 쓰기 때문에 재료 저마다의 맛이 섞이고 옅어져요. 이렇게 희석된 샐러드의 맛을 우리는 '맛없다'라고 느끼는 것이고요. 자칫 밋밋한 맛으로 끝날 수 있는 샐러드를 풍미 가득한 한 끼 식사로 바꿔주는 마법이 바로 드레싱이에요.

MAKING A HEALTHY DRESSING.1

Oil 오일

드레싱의 핵심적인 두 요소는 오일(Oil)과 비니거(Vinegar)예요. 그중 오일은 음식에 깊은 맛과 풍미를 더하는 중요한 역할을 해요. 물론 오일은 높은 칼로리 때문에 종종 다이어트의 적으로 꼽혀요. 하지만 지방을 제대로 섭취하지 않으면 영양 공급이 원활하지 않다고 느낀 몸이 지방 저장 모드로 바뀌어 결국 체지방 감량에 실패하게 돼요. 다이어트의 핵심 비법이 오일의 종류와 양을 조절하는 데 있는 이유예요. 그러니 오일의 성질과 용도를 제대로 알고 적절히 쓰면, 더욱 건강하고 맛있는 드레싱을 만들 수 있어요.

쿠킹 오일 Cooking Oil

쿠킹 오일을 선택할 때는 발연점을 고려해야 해요. 발연점이란 열을 가할 때 연기가 나기 시작하는 온도로, 발연점을 넘어서면 재료의 맛이 변질되는 건 물론이고 유독한 화합물이 생성되기 때문이에요.

발연점이 200℃ 이상으로 높은 오일은 튀김을 포함한 열을 가하는 요리에 적합하고, 맛과 향이 연해 재료 본연의 맛을 살릴 수 있어요. 카놀라유, 옥수수유, 해바라기씨유, 포도씨유 등이 여기에 속해요.

반면 발연점은 낮은 대신 오일 자체에 풍미가 있어 그대로 먹는 게 가장 좋은 오일도 있어요. 대표적인 예가 바로 특유의 풍미를 지닌 엑스트라 버진 올리브 오일(Extra Virgin Olive Oil, 이하 EVOO)이에요. 또한 불포화지방이 풍부한 견과류 오일은 견과류 특유의 고소한 향과 맛이 진해서, 샐러드에 직접 더한 견과류와는 색다른 특별함을 즐길 수 있어요. 우리나라의 대표 기름인 참기름과 들기름도 특유의 깊고 진한 풍미를 살려 사용하기 좋아요.

인퓨즈드 오일 Infused Oil

따뜻한 물에 찻잎을 우려 깊은 맛을 음미하듯이, 오일에 다양한 재료를 우려내 색다른 맛과 향을 즐길 수 있어요. 바로 인퓨즈드 오일, 향미유예요. 음식에 몇 방울 곁들이는 것만으로도 풍미와 건강을 더해요. 허브의 독특한 맛과 향을 우려낸 허브 오일과, 과일 껍질의 상큼한 맛과 향을 우려낸 시트러스 오일이 대표적인 인퓨즈드 오일이에요. 특히 선명한 녹색의 그린 허브 오일은 시각적인 효과까지 더할 수 있어요.

소독한 밀폐용기나 병에 담아 냉장 보관하면 2주일까지 두고 먹을 수 있으니 귀찮게 생각하지 말고 꼭 만들어 보세요. 다음 페이지에 다양한 인퓨즈드 오일 레시피가 있으니 확인하세요.

한편 직접 만들지 않고 살 수 있는 인퓨즈드 오일도 있어요. 바로 트러플 오일(Truffle Oil)이에요. 귀한 재료로 손꼽히는 트러플, 즉 송로버섯의 진한 맛과 향을 담았어요. 음식에 살짝 곁들이는 것만으로 깊고 특별한 맛을 더할 수 있어요. 특히 버섯이 들어가는 샐러드나 수프, 파스타, 리소토에 곁들이면 훨씬 진한 버섯의 풍미를 느낄 수 있답니다. 마켓에서 쉽게 구할 수 있으니 꼭 사용해보세요. 참고로 열을 가하면 특유의 맛과 향이 사라져버리니, 조리가 끝난 음식에 한두 방울 살짝 떨어뜨려 먹는 것이 좋아요.

White Herb Oil

화이트 허브 오일

타임, 로즈마리, 오레가노, 세이지 등 줄기가 있고 잎이 두껍거나 작은 허브는 찻잎처럼 우려
허브의 맛과 향을 녹여내는 화이트 허브 오일로 만들어보세요.

재료

베이스 오일(풍미가 약한 쿠킹 오일), 생 허브

타임 오일 베이스 오일 150ml + 타임 2줄기
로즈마리 오일 베이스 오일 150ml + 로즈마리 2줄기
오레가노 오일 베이스 오일 150ml + 오레가노 1줄기
세이지 오일 베이스 오일 150ml + 세이지 1줄기
바질 오일 베이스 오일 150ml + 바질 ½컵
테라곤 오일 베이스 오일 150ml + 테라곤 ½컵

만드는 법

냄비에 오일과 허브를 넣고 약불에 약 5분 정도 데워주세요.
허브 잎 주위로 작은 기포가 생기기 시작하면 불을 끄고 식혀주세요.

Skinny Tip EVOO와 향이 약한 쿠킹 오일을 1:1 혹은 1:2 비율로 섞어
베이스 오일로 사용해도 좋아요.
또한 허브를 베이스 오일에 넣기 전에 칼등으로 살짝 쳐주면 맛과 향이 더 잘 우러나와요.
바질과 테라곤은 줄기를 제거하지 말고 잎과 함께 쓰세요.

베이스 오일 2테이블스푼당 다진 생 허브 ½티스푼
또는 다진 드라이 허브 ¼티스푼을 섞어 대체할 수 있어요.

Green Herb Oil

그린 허브 오일

바질, 민트, 파슬리, 딜 등 잎이 연하고 색이 짙은 허브는 갈아서 써보세요.
허브의 색까지 살릴 수 있어요.

재료

베이스 오일(풍미가 약한 쿠킹 오일), 생 허브

바질 오일 베이스 오일 240ml, 바질 40g
민트 오일 베이스 오일 250ml, 민트 40g
파슬리 오일 베이스 오일 250ml, 파슬리 40g
딜 오일 베이스 오일 250ml, 딜 40g
차이브 오일 베이스 오일 250ml, 차이브 40g

만드는 법

허브는 잎을 떼어내어 끓는 소금물에 살짝 데친 후 바로 차가운 물에 담가 식히세요.
허브 잎의 물기를 꽉 짜낸 후, 베이스 오일과 함께 블렌더에 곱게 갈아주세요.
면보를 올린 체에 걸러내세요.

Skinny Tip 허브를 끓는 물에 데치는 건 선명한 녹색을 유지시키기 위함이에요.
바질은 20초, 민트는 10초, 파슬리는 40-50초, 딜은 1분 정도 데치세요.
단, 차이브는 데치지 말고 바로 갈아주세요.
바질과 파슬리는 줄기를 쓰면 더 진한 맛과 향을 얻을 수 있는데,
이때 줄기는 1분 정도 데치세요.

Citrus Oil

시트러스 오일

재료

베이스 오일(풍미가 약한 쿠킹 오일), 감귤류 과일

레몬 오일   베이스 오일 120ml, 레몬 제스트 2개분
라임 오일   베이스 오일 120ml, 라임 제스트 2개분
오렌지 오일   베이스 오일 120ml, 오렌지 제스트 ½개분

만드는 법

과일은 깨끗이 씻어 필러 혹은 제스터로 겉껍질을 얇게 긁어내세요.
병에 제스트와 오일을 넣고 하루 정도 우린 후 체에 걸러내세요.

Skinny Tip   겉껍질 안쪽의 하얀 부분은 씁쓸한 맛이 나요. 겉껍질만 조심스레 벗겨내세요.

Citrus Vanilla Bean Oil

시트러스 바닐라 빈 오일

재료

시트러스 오일 120ml, 바닐라 빈 ½개

만드는 법

바닐라 빈을 반으로 갈라 씨를 긁어낸 후 씨와 껍질을 모두 시트러스 오일에 넣고
상온이나 따뜻한 곳에서 1-2시간 우려내세요.

Curry Oil

커리 오일

재료 베이스 오일 240ml, 다진 마늘 1쪽 분량, 커리 파우더 1테이블스푼,
월계수잎 1장, 타임 1줄기

만드는 법

팬에 기름을 두르고 다진 마늘을 넣고 중약불에서 볶다가 커리 파우더를 넣고 1분 더 볶으세요.
베이스 오일과 월계수잎, 타임을 넣고 약불에 5분 더 가열하세요.
상온에서 식힌 후 면보를 올린 체에 걸러내세요.

Garlic Oil

갈릭 오일

재료 베이스 오일 120ml, 다진 마늘 1½테이블스푼, 다진 허브 1티스푼(로즈마리, 타임 등)

만드는 법

팬에 기름을 두르고 다진 마늘과 허브를 넣고 중약불에 2-3분 정도 볶으세요.
마늘 향이 충분히 올라오면 팬에 베이스 오일을 붓고 약불로 줄인 후 10분 정도 가열하세요.
상온에서 식힌 뒤 체에 마늘과 허브를 걸러내세요.

Chili Oil

칠리 오일

재료 베이스 오일 120ml, 칠리 플레이크 1티스푼, 건고추 1개

만드는 법

마른 팬에 칠리 플레이크를 넣고 살짝 볶은 뒤 베이스 오일과 건고추를 넣고 약불에 3-4분 정도
가열하세요. 상온에서 식힌 뒤 용기에 담아 그대로 서늘한 곳에서 보관하세요.

MAKING A HEALTHY DRESSING.2
Vinegar 비니거

오일과 더불어 드레싱의 핵심적인 요소인 비니거, 즉 식초에 대해 알아볼게요. 비니거는 수분이 많은 재료들 때문에 자칫 밋밋해질 수 있는 샐러드에 맛과 적당한 자극을 더하는 중요한 역할을 해요. 또한 드레싱의 오일은 샐러드에 풍미를 더하기도 하지만, 비니거의 강한 신맛을 중화해 먹기 좋게 만드는 것이 기본적인 역할이에요. 거꾸로 말하면, 비니거가 드레싱의 맛을 결정하고 또 좌우하는 것이죠. 식초의 종류는 무궁무진하지만, 그중에서도 드레싱에 많이 쓰이는 식초를 알아볼게요.

발사믹 비니거 Balsamic Vinegar
발사믹은 본래 '향이 좋다'라는 뜻으로, 진하고 달콤하고 그윽한 풍미를 가진 대표적인 샐러드 식초예요. 포도즙을 졸여 나무통에서 장기간 숙성시켜 만들어요.

와인 비니거 Wine Vinegar
술을 사용해 만든 비니거예요. 화이트 와인 비니거, 레드 와인 비니거, 애플 사이더 비니거, 셰리 와인 비니거, 라이스 와인 비니거 등이 있어요. 원료가 되는 와인에 따라 맛과 향이 모두 달라서 고르는 재미가 있어요.

인퓨즈드 비니거 Infused Vinegar
식초 역시 다른 재료의 맛과 향을 섞어 색다르게 만들 수 있어요. 오일과 다른 점이 있다면 섞는 재료에 제한이 별로 없다는 거예요. 이제 온갖 식재료의 맛과 향이 배어 있는 맛있고 색다른 식초를 사용해 건강 식단을 풍성하고 다양하게 꾸며보세요. 다음 페이지에서 다양한 인퓨즈드 비니거 레시피를 확인하세요.

화이트 비니거 White Vinegar
증류 식초를 일컬어요. 산도가 강해 보통 피클을 만드는 데 사용해요.

비니거를 대신할 수 있는 건강한 신맛 HEALTHY ACID

레몬, 라임, 오렌지, 자몽, 석류 등 과일즙은 대표적인 건강한 신맛 중 하나예요. 맛과 향이 비니거만큼 강하진 않으면서 과일의 상큼함을 가지고 있어 여러 음식에 두루 잘 어울려요. 다이어트에도 좋다고 알려져 있죠.

요거트 역시 숨겨진 드레싱 재료예요. 다른 재료의 맛을 끌어올려 요리의 맛을 한층 풍부하게 해주기 때문에 서양에서는 이미 후식이 아닌 메인 요리에 많이 쓰이고 있어요. 특히 오일, 마요네즈, 생크림, 사워크림, 휘핑크림의 대체 재료로 많이 쓰이고 있어요.

Herb Vinegar

허브 비니거

허브의 향긋함을 식초에 넣어보세요. 허브의 맛과 향에 따라, 또 식초의 향과 색깔에 따라
허브와 식초를 다양하게 조합해보세요.

재료

원하는 비니거(화이트 비니거, 와인 비니거, 발사믹 비니거 등) 150ml,
잎이 두껍거나 작은 허브는 3줄기,
(로즈마리, 타임, 오레가노, 세이지, 테라곤 등)
잎이 연한 허브는 ⅓컵
(민트, 애플 민트, 고수 등)

만드는 법

원하는 비니거와 허브를 냄비에 넣고 따뜻하게 데운 뒤 상온에서 식혀주세요..

Skinny Tip 로즈마리, 타임, 오레가노, 세이지는 와인 식초와 잘 어울려요.
로즈마리 화이트 와인 비니거와 타임 레드 와인 비니거는 스키니 셰프가 추천하는 조합이에요.
민트와 고수 등의 허브는 색이 없는 비니거와 잘 어울리니 참고하세요.
한편 우려낸 허브를 걸러낼 필요는 없어요.
하지만 많은 양을 만들어 오래 두고 먹는다면 걸러내고 보관하세요.

Fruity Vinegar

과일 비니거

과일의 달콤함이 식초의 신맛을 훌륭하게 잡아줘요.
라이스 와인 비니거(현미 식초)는 파인애플 또는 자두, 샴페인 비니거는 딸기
또는 라즈베리, 레드 와인 비니거는 석류 또는 포도와 조합하는 것을 추천해요.

재료

원하는 비니거(화이트 비니거, 와인 비니거, 발사믹 비니거 등) 약 ½컵,
원하는 과일(자두, 파인애플, 딸기, 포도 등) 약 ¼-⅓컵

만드는 법

과일을 작게 잘라 병에 넣고 식초를 과일이 잠길 정도로 부어주세요.
과일이 식초 위로 떠오르면 랩을 덮어 완전히 잠기게 해주세요.
겨울에는 그늘진 실내에서, 여름에는 냉장고에서
짧게는 하루, 길게는 3-4일 정도 우리세요.
과일을 걸러낸 뒤 사용하세요.

Skinny Tip 과일 식초와 허브 식초를 한 번 더 응용해서, 허브 스파이스 과일 비니거(Fruit Herb·Spice Vinegar)를 만들 수 있어요. 냄비에 식초를 붓고 가열해 끓어오르면 한 김 식힌 후 원하는 과일과 허브, 스파이스를 조합해 넣어주면 끝이에요. 딸기와 민트, 레몬과 타임 등 입맛에 따라, 사용하고 싶은 재료에 따라 상상력을 발휘해 나만의 인퓨즈드 비니거를 만들어보세요.

MAKING A HEALTHY DRESSING.3

Stock 육수

육수도 훌륭한 샐러드 드레싱이에요. 고칼로리인 오일을 대체할 수 있기 때문에 저칼로리 다이어트 드레싱의 핵심 요소라고 말할 수 있어요. 보통 식초 1 : 오일 2-3이 드레싱의 기본 비율인데요, 이때 오일의 3분의 2가량을 육수로 대체하면 지방 섭취량과 칼로리까지 확 낮출 수 있어요.

육수는 미리 만들어 놓을 수도 있지만 즉석에서 쉽고 간단하게 만들 수도 있어요. 단백질을 익힌 팬에 남아 있는 육즙을 와인 등으로 녹여낸 뒤 졸이면 맛있는 육수가 완성돼요.

그럼 드레싱뿐만 아니라 찜, 국물요리, 소스, 수프 등 다양한 요리에 이용할 수 있는 육수 레시피를 알아볼까요?

닭 육수 · 소뼈 육수

재료 (4-5컵)
닭 또는 소의 뼈 1kg, 채소(당근, 양파, 셀러리 등) 150g,
허브(통후추, 월계수잎, 타임, 파슬리 줄기 등) 반 줌, 물 6컵

만드는 법
채소는 일정한 크기로 잘라주세요.
고기 뼈는 지방을 제거한 후 기름을 두른 팬에 볶듯이 익혀주세요.
뼈에 갈색이 돌면 채소를 넣고 5분 더 볶아주세요.
물과 허브를 넣고 센불에서 팔팔 끓어오르면 중약불로 줄인 후 보글보글 30-40분 끓여주세요.
건더기를 거른 후 식히고 위에 기름이 떠올라 굳으면 걷어내세요.

생선 육수

재료 (2-3컵)
내장을 깨끗이 제거한 생선뼈 500g,
채소(양파 ½개, 당근 ⅓개, 셀러리 1줄기, 대파뿌리 1개) 60g,

화이트 와인 1컵, 허브(통후추, 월계수 잎, 타임, 파슬리 줄기 등) 반 줌, 물 3컵

만드는 법

냄비에 기름을 두르고 생선뼈를 10분 정도 볶은 후, 일정한 크기로 자른 채소를 넣고 10분 더 볶아주세요.
화이트 와인, 물, 허브를 넣고 중약불에서 30-40분 정도 보글보글 끓여주세요.
건더기를 거른 후 시원한 곳에서 식히고 위에 기름이 떠올라 굳으면 걷어내세요.

Skinny Tip 조개 육수는 같은 양의 갑각류 껍질(새우, 게, 조개류, 랍스터 등)로 생선뼈를 대신하고, 물과 와인을 넣기 전에 토마토 페이스트 20g을 넣고 살짝 볶아주세요.

채소 육수

재료 (4컵)

채소(양파, 대파, 셀러리, 당근, 무, 토마토, 양배추 등) 130g, 마늘 1쪽,
허브(통후추, 월계수 잎, 타임, 파슬리 줄기 등) 반 줌, 물 4-5컵

만드는 법

무, 파, 당근, 양파, 셀러리, 버섯 등의 채소를 같은 크기로 잘라주세요.
자른 채소와 마늘을 냄비에 넣고 5분 정도 볶은 후, 물과 허브를 넣고
중약불에서 40-50분 정도 끓여주세요.
건더기를 거른 후 식히고 위에 기름이 떠오르면 걷어내세요.

버섯 육수

재료

생 표고·양송이 등의 줄기나 밑둥 또는 자투리 버섯, 물 적당량(버섯의 2-3배)

만드는 법

냄비에 버섯을 넣고 물을 붓고 끓여주세요.
끓어오르면 약불로 줄이고 뚜껑을 닫고 30분에서 1시간 정도 우려내세요.

○ TYPES OF DRESSING ○

쉽게 이해하는 드레싱

○ **오일 + 비니거 = 기본 비네그레트 (Basic Vinaigrette)**

오일과 비니거만으로도 맛있는 샐러드 드레싱을 만들 수 있어요. 오일과 비니거를 3:1의 비율로 섞은 후, 소금과 후추로 간을 하면 기본 드레싱이 완성돼요. 이 오일 베이스의 드레싱, 즉 비네그레트를 바탕으로 여러 가지 재료를 더해 다양한 드레싱을 만들 수 있어요.

○ **오일 + 비니거 + 여러 가지 재료 = 응용 비네그레트 (Vinaigrett Variation)**

기본 드레싱에 마늘, 생강, 양파, 허브, 견과류 등을 더한 드레싱이에요. 기본 드레싱의 깔끔함을 유지하면서 재료 특유의 맛과 향, 풍미가 더해지면 응용 비네그레트가 돼요.

○ **오일 + 비니거 + 유화제(Emulsion Agent) = 유화 드레싱 (Emulsified Dressing)**

잘 섞이지 않는 비니거와 오일이 서로 분리되지 않도록 유화제를 더한 드레싱이에요. 비네그레트가 투명한 액체 상태라면 유화 드레싱은 농도가 짙은 소스에 가까워요. 계란 노른자와 머스터드가 대표적인 유화제이고, 그 밖에도 채소와 과일 등을 함께 갈아 유화 드레싱을 만들 수 있어요.

○ **오일 + 비니거 + 육수 또는 요거트 = 스키니 드레싱 (Skinny Dressing)**

기본 드레싱에 들어가는 오일의 일부를 요거트나 육수로 대체해 좀 더 건강하고 칼로리가 낮은 드레싱을 만들 수 있어요. 요거트는 드레싱에 들어가는 기름의 양을 줄여주고, 육수는 오일을 일부 대체하면서 감칠맛까지 더해요.

○ DRESSING MAP ○

샐러드별 어울리는 드레싱

**칼로리 ⅓배,
맛 3배,
스키니 드레싱**

스키니 드레싱
- 라임 육수 드레싱
P. 189

스키니 드레싱
- 레몬 비니거 육수 드레싱
P. 191

스키니 드레싱
- 레드 와인 비니거
육수 드레싱
P. 199

스키니 드레싱
- 레몬 육수 드레싱
P. 087

스키니 드레싱
- 칠리 라임 육수 드레싱
P. 103

**단백질·육류와
잘 어울리는 드레싱**

과카몰리
P. 109

라임 고수 요거트
P. 097

레몬 커리 오일 드레싱
P. 105

로즈마리 비니거 드레싱
P. 101

로즈마리
트러플 오일 드레싱
P. 095

마요 요거트
P. 107

블루 치즈 요거트
P. 093

와인 허니 머스터드 요거트
P. 089

커리 요거트
P. 099

○ DRESSING MAP ○

트러플 오일 드레싱
P. 091

파프리카 드레싱
P. 117

허브 드레싱
P. 111

허브 비니거 리덕션
P. 113

간장 참기름 드레싱
P. 185

라임 간장 드레싱
P. 175

라임 망고
P. 177

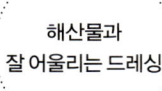
해산물과 잘 어울리는 드레싱

라임 양파 드레싱
P. 203

라임 요거트
P. 179

레몬 민트 드레싱
P. 181

레몬 오렌지 드레싱
P. 209

레몬 차이브 요거트
P. 183

발사믹 비니거 간장 드레싱
P. 205

○ DRESSING MAP ○

석류 라임 드레싱
P. 187

스파이시 요거트
P. 201

심플 레몬 드레싱
P. 197

유자 간장 드레싱
P. 173

유자 고추냉이 드레싱
P. 193

자몽 드레싱
P. 207

진저 피치 드레싱
P. 211

토마토 살사
P. 195

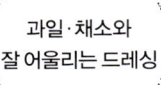
과일·채소와 잘 어울리는 드레싱

견과류 페스토
P. 083

구운 토마토 드레싱
P. 161

구운 파프리카 드레싱
P. 081

레드 와인 발사믹 리덕션
P. 155

레몬 드레싱
P. 167

레몬 바닐라 드레싱
P. 057

○ DRESSING MAP ○

레몬 타임 오일 드레싱
P. 149

로즈마리 발사믹 리덕션
P. 063

로즈마리 오일 드레싱
P. 071

마리네이드 드레싱
P. 075

민트 오일 드레싱
P. 145

민트 요거트
P. 061

바질 오일 드레싱
P. 159

바질 요거트
P. 073

비트 오렌지 드레싱
P. 059

비트 요거트
P. 153

사과 식초 레몬 오일 드레싱
P. 157

석류 드레싱
P. 077

시금치 페스토
P. 053

시트러스 민트 요거트
P. 169

심플 레몬 오일 드레싱
P. 051

○ DRESSING MAP ○

오렌지 바닐라 드레싱 오렌지 커리 요거트 올리브 요거트
P. 055 P. 067 P. 065

와인 바닐라 요거트 타임 레드 와인 비니거 드레싱 타임 로즈마리 드레싱
P. 151 P. 069 P. 163

타임 비니거 드레싱 토마토 바질 페스토
P. 165 P. 079

곡물·탄수화물과
잘 어울리는 드레싱

레몬 트러플 오일 드레싱 셰리 비니거 드레싱 애플 사이더 허니 드레싱
P. 125 P. 121 P. 123

오이 요거트
P. 215

043

○ TIPS FROM CHEF 1 ○

샐러드를 '매일' '쉽게' 만드는 방법!

만드는 과정이 번거롭고 복잡할 것 같아서 지레 겁먹고 샐러드를 포기하는 사람을 너무 많이 봐왔어요. 하지만 실은 마트에서 인스턴트 음식을 사는 것보다 더 간단하게 만들 수 있답니다. 다음에 나오는 몇 가지 비법만 기억하세요.

○ 한꺼번에 미리 준비해 쉽고 편하게!

아무리 맛있는 요리라 해도 간단하게 준비해서 바로 먹을 수 없으면 매일 먹기 힘들어요. 때문에 5~10분 안에 만들어 먹을 수 있도록 미리 준비해두는 게 좋아요. 재료의 신선도 유지 기간에 따라 4-5회 정도 분량을 미리 준비해 소분해두세요. 채소는 먹기 좋게 잘라두거나 원하는 방식으로 조리해두고, 육류나 곡류, 콩도 미리 익혀서 준비해두세요. 드레싱도 특별히 저장 기간이 짧은 재료가 아니라면 5-6회 사용할 분량을 미리 한꺼번에 만들어두세요. 먹을 때는 데우고 섞어서 접시에 올리기만 하면 돼요.

○ 쉽게 계량하기!

정확하게 양을 재는 것이 좋은 재료가 있는 반면, 굳이 정확한 양을 잴 필요가 없는 재료들이 있어요. 소스나 드레싱, 퓨레, 수프 등 재료들이 섞여 하나가 되는 경우는 정확히 계량을 해야 정확한 맛을 얻을 수 있어요. 반면 채소나 과일, 단백질 등의 재료는 크기의 편차를 감안해도 굳이 정확한 계량이 필요하지 않아요. 또한 눈과 손으로 보는 눈대중·손대중 계량과, 계량도구를 사용하는 정확한 무게나 부피 단위 중 나에게 좀 더 편한 계량법을 선택하세요. 재료를 준비하는 시간을 줄일 수 있어요.

○ **창의력 발휘하기!**

레시피에 나온 재료 중 우리 집 냉장고에 있는 재료는 한두 가지밖에 없어 요리를 포기했거나, 없는 재료를 사기 위해 장을 보다가 지쳐버린 나머지 사 먹는 게 낫겠다 싶었던 적이 있을 거예요. 하지만 꼭 레시피에 주어진 재료를 써야만 샐러드를 만들 수 있는 게 아니에요. 그럴 때는 집에 있는 재료를 활용해보세요. 맛과 성질이 비슷한 재료로 바꿔보는 거예요. 그 어디에도 없는 나만의 새로운 레시피가 탄생할지도 몰라요.

○ **도구는 나의 힘!**

전문적인 조리도구가 있으면 조리 과정이 한결 편하고 수월해져서 복잡한 레시피도 쉽고 재미있게 만들 수 있어요. 샐러드를 만들 때 특히 편리하게 사용할 수 있는 조리도구 몇 가지를 소개할게요. 마트 혹은 인터넷 쇼핑몰에서 쉽게 구할 수 있어요.

- 샐러드 스피너(채소 탈수기) : 샐러드에 사용되는 잎채소는 씻은 후 물기를 싹 제거하는 게 기본이에요. 이때 쉽고 빠르게 물기를 제거해주는 도구예요.
- 제스터 : 감귤류 과일의 겉껍질을 손쉽게 긁어낼 수 있는 도구예요.
- 푸드 슬라이서(채칼) : 재료를 다양한 모양, 다양한 두께로 손쉽게 썰 수 있게 해줘요.

○ TIPS FROM CHEF 2 ○

샐러드를 '더 맛있게' 만드는 방법!

○ 재료와 친해지기!

재료와 친해지세요. 장을 볼 때 아는 재료만 사지 마세요. 처음 보는 재료, 모르는 재료를 두려워하지 마세요. 재료가 눈에 익고 친숙해지면, 맛보고 싶은 호기심이 생길 테고, 맛을 알고 나면 음식에 대한 아이디어가 샘솟고, 지겹던 다이어트 건강 식단이 다양하고 풍성해질 거예요.

○ 계량만큼이나 중요한 커팅!

샐러드에 들어가는 재료는 되도록 크기를 비슷하게 맞추세요. 샐러드는 한 그릇 음식이니만큼, 샐러드에 들어 있는 각각의 재료가 모두 입안에서 조화롭게 느껴질 수 있도록 모든 재료를 한입에 먹는 것이 샐러드를 '제대로' 먹는 방법이에요. 따라서 각 재료들 간의 크기가 비슷해야 한꺼번에 뜨기 편하고, 맛도 제대로 볼 수 있어요. 특히 볶거나 쪄야 하는 재료는 일정한 크기로 써는 게 중요해요. 그래야 재료가 균일하게 익어 음식의 맛을 살릴 수 있어요.

○ 밸런스 맞추기!

맛과 향에 따라 재료의 양을 조절하세요. 양파, 마늘, 생강, 고추, 샬롯 등 맛과 향이 진한 재료는 작고 얇게 썰어주시고요, 적은 양만 넣어도 재료의 맛을 충분히 살리면서 다른 재료와도 조화롭게 어우러질 수 있어요. 트러플 오일이나 참기름, 고르곤졸라 치즈나 고트 치즈 등 맛과 향이 강한 재료 역시 적게 써서 다른 재료와 밸런스를 맞추는 것이 좋아요.

○ 내 입에 맛있게!

건강식이든 일반식이든, 내 입에 맞는 요리가 가장 맛있는 요리예요. 입맛이라는 건 주관적이기 때문에 주어진 레시피를 똑같이 따라 할 필요는 없어요. 물론 조리 방법이나 순서 등은 레시피를 기준으로 두는 게 맞지만, 그 안에 들어가는 재료의 종류와 양은 음식 전체의 맛을 해치지 않는 선에서 최대한 자신의 입맛에 맞춰보세요.

morning salads

○ PART 2 ○

아침에,
가뿐하게 먹기 좋은 샐러드

아침 식사는 하루 중 가장 중요한 한 끼라고 할 수 있어요. 밤의 공복을 채우고, 하루 동안 활동에 쓸 에너지를 얻는 식사이기 때문이에요. 그러니 허기를 채우면서 영양도 충분해야 해요. 하지만 배부르고 거북한 느낌이 들어 활동에 지장을 주어서는 안 돼요. 배는 든든하지만 몸은 가뿐하고, 활력과 에너지가 넘치지만 하루 종일 날씬한 기분을 느끼게 해주는, 아침에 먹기 좋은 샐러드를 만나보세요.

Simple Green Salad

심플 그린 샐러드

샐러드의 기본이 되는 샐러드라고 할 수 있어요. 재료에 변화를 주거나 더함으로써 다양한 응용과 무한한 변신이 가능합니다. 다양한 채소를 써서 먹기도 즐겁고 보기도 좋은 샐러드를 만들어보세요.

재료

당근·비트·래디시·오이·호박·콜라비·무·가지·
아스파라거스 등 각종 채소 적당량, 소금·후추 약간,
베이비채소 2컵, 허브 약간

심플 레몬 오일 드레싱

레몬즙 1테이블스푼, 레몬 오일(P. 27) 2테이블스푼, 소금·후추 약간

만드는 법

각종 채소는 깨끗이 씻은 후 물기를 제거하세요.
잎채소는 한입 크기로 뜯고, 다른 채소는 필러나 채칼로 얇게 슬라이스하세요.
잎채소의 두께에 맞춰 슬라이스하여
따로 씹히는 느낌 없이 부드럽게 조화되도록 하세요.

큰 볼에 드레싱 재료를 모두 넣고 잘 섞어주세요.

손질한 채소들과 베이비채소를 드레싱과 잘 섞고
소금 후추로 간을 해 접시에 담으세요. 허브를 얹어 완성하세요.

Skinny Tip   호박이나 가지 같은 채소는 생것이 부담스러울 수 있지만,
얇게 슬라이스하면 괜찮아요. 채소 고유의 맛을 한껏 즐겨보세요.

Spring Garden Salad

스프링 가든 샐러드

봄에 나는 채소의 기운과 영양이 가득한 샐러드예요. 시금치 페스토가 새콤하면서
신선한 맛을, 해바라기씨 크럼블이 고소한 맛과 바삭한 느낌을 더해줘요. 활기찬 봄의 정원을
닮은 샐러드, 눈으로도 즐겨보세요.

재료

당근 ⅓개, 그린빈(껍질콩) 또는 아스파라거스 3-4줄기, 래디시 3알, 양파 ¼개,
해바라기씨 크럼블(2회분: 해바라기씨 ¼컵, 통밀빵가루 ⅓컵, 무향 오일 1티스푼, 소금 ¼티스푼)

시금치 페스토

시금치 1컵, 화이트 와인 비니거 1½테이블스푼,
EVOO 1테이블스푼, 해바라기씨유 1테이블스푼, 소금 약간

만드는 법

해바라기씨는 마른 팬에 3-5분 볶아 한 김 식힌 뒤 블렌더로 굵게 다지세요.
통밀빵가루는 기름을 두른 팬에 중약불에서 5-7분 볶고 키친타월에 올려
한 김 식히며 기름을 빼세요. 해바라기씨, 통밀빵가루, 오일, 소금을 섞어 크럼블을 만드세요.

채소들을 한입 크기로 잘라 끓는 소금물에 데친 후 찬물에 바로 식히고 물기를 제거하세요.
그린빈과 아스파라거스와 양파는 30초, 래디시와 당근은 50초 정도 데치세요.

드레싱 재료를 블렌더에 갈아 드레싱을 만드세요.
접시에 크럼블을 깔고 데친 채소들을 올린 후 드레싱을 곁들여 완성하세요.

Skinny Tip 데치는 물을 따로 준비하지 말고 한 냄비에 맛과 향이 순한 재료부터 데치면
본연의 맛을 유지하면서 익힐 수 있어요. (그린빈-아스파라거스-래디시-당근-양파 순)

Carrot Salad with Orange Vanilla Dressing

오렌지 바닐라 당근 샐러드

당근과 요거트, 오렌지 바닐라 드레싱의 조합이 신선한 샐러드입니다.
새콤달콤한 오렌지의 맛에 바닐라의 향과 맛이 가득하고,
레몬 요거트가 들어가 더욱 상큼해요.

재료
당근 2개,
레몬 요거트(요거트 2테이블스푼, 레몬 제스트 ½개분 또는 레몬 오일(P. 27) 1티스푼)

오렌지 바닐라 드레싱

레몬즙 1테이블스푼,
오렌지 바닐라 빈 오일(P. 27) 1½테이블스푼,
소금 약간

만드는 법
요거트와 레몬 제스트를 섞어 레몬 요거트를 만드세요.

당근 1개는 얇게 슬라이스하여 찬물에 담가두고, 나머지 1개는 한입 크기로 잘라
끓는 소금물에 50초 정도 데친 후 찬물에 바로 식혀주세요.

큰 볼에 드레싱 재료를 넣고 잘 저은 뒤 당근을 넣고 버무려주세요.
접시에 당근을 담고 레몬 요거트를 더해 완성하세요.

Skinny Tip 레몬 요거트를 미리 만들어둘 경우 제스트는 걸러내세요.
향과 맛이 요거트에 다 우러난 제스트에는 씁쓸한 맛만 남아 있기 때문이에요.
촘촘한 체에 쏟아 수저로 밀듯이 내려주세요.

Orange Honey Glazed Carrot Salad

오렌지 허니 당근 샐러드

당근을 색다르게 즐길 수 있는 매력적인 샐러드예요. 오븐에 구운 부드러운 당근,
새콤달콤한 오렌지, 매콤한 칠리 파우더의 신선한 조합에
아보카도를 곁들여 균형을 잡아줍니다.

재료

당근 2개, 마늘 5쪽, 드라이 허브 1-2테이블스푼, 올리브 오일·소금 약간,
오렌지 허니(꿀 ½컵, 오렌지 제스트 ½개분) 1테이블스푼, 칠리 파우더 1꼬집,
아보카도 ¼개, 베이비채소 1½컵, 해바라기씨 1-2테이블스푼

레몬 바닐라 드레싱

레몬즙 1½테이블스푼, 레몬 바닐라 빈 오일(P. 27) 1테이블스푼, 소금·후추 약간

만드는 법

꿀과 오렌지 제스트를 섞어 30분-1시간 정도 재운 뒤, 제스트를 걸러 오렌지 허니를 만드세요.

당근과 아보카도는 한입 크기로 자르고, 마늘은 반으로 가르세요.
해바라기씨는 마른 팬에 갈색이 돌 정도로 3분간 볶아주세요.

볼에 당근, 올리브 오일, 소금, 드라이 허브를 넣고 잘 버무리세요.
오븐 팬에 당근과 마늘을 올려 180℃ 오븐에서 15-20분 정도 구워주세요.
당근을 오븐에서 꺼내 마늘을 덜어내고, 오렌지 허니와 잘 섞고 칠리 파우더를 골고루 뿌린 후
3분 정도 더 구워주세요.

큰 볼에 레몬 바닐라 드레싱 재료를 넣고 잘 저은 뒤, 베이비채소를 넣고 버무려주세요.
당근과 아보카도를 접시에 담고, 드레싱에 버무린 베이비채소와 해바라기씨를 곁들이세요.

Pickled Beet with Ricotta Cheese

레몬 리코타 비트 샐러드

비트와 리코타 치즈는 맛이 잘 어울리는 대표적인 음식 페어링 중 하나예요. 여기에 선명한 색감의 비트 오렌지 드레싱이 어우러져 식욕을 돋우고 보는 즐거움도 더해요.

재료

비트 피클(비트 1알, 레드 와인 비니거 1컵, 설탕 ½컵), 오렌지 ½개,
피칸 또는 호두 3-4개, 레몬 리코타 치즈(3-4회 분량: 우유 800ml, 레몬즙 2테이블스푼) 적당량

비트 오렌지 드레싱

오렌지즙 2테이블스푼(오렌지 ½개분), 화이트 발사믹 비니거 1테이블스푼,
비트 피클 자투리 2-3테이블스푼, EVOO ½테이블스푼, 소금 약간

만드는 법

냄비에 비트, 레드 와인 비니거, 설탕, 비트가 잠길 정도의 물을 붓고 가열해 끓어오르면 불을 낮춰 35분 이상 보글보글 익혀 피클을 만드세요. 한 김 식힌 뒤 껍질을 벗기고 먹기 좋은 크기로 잘라주세요. 자투리는 나머지 드레싱 재료와 함께 블렌더에 곱게 갈아주세요.

우유를 끓어오르지 않게 따뜻한 정도로만 데운 뒤, 불을 끄고 레몬즙을 더해 잘 저으세요. 5-10분 정도 두었다가 면보를 올린 체에 걸러 레몬 리코타 치즈를 만드세요.

비트 피클, 레몬 리코타 치즈, 피칸, 먹기 좋은 크기로 자른 오렌지를 접시에 올리고 드레싱을 곁들이세요.

Skinny Tip 비트의 윗부분을 과도로 찔러서 부드럽게 들어갔다 나오면 다 익은 거예요.

Shaved Asparagus, Beet Salad

아스파라거스 비트 샐러드

생 아스파라거스의 신선함과 비트 피클의 새콤함, 민트 요거트의 상큼함, 페타 치즈의 진한 풍미가 완벽한 맛의 조화를 이루는 샐러드예요. 부드러운 비트와 아삭한 아스파라거스의 대조적인 느낌이 먹는 재미를 한층 높여줍니다.

재료
아스파라거스 3개,
비트 피클(비트 ½알, 레드 와인 비니거 ½컵, 설탕 ¼컵), 페타 치즈 ¼컵

민트 요거트

요거트 3테이블스푼, 다진 민트 1½테이블스푼,
애플 민트 비니거(P. 33) 1½테이블스푼, 소금 약간

만드는 법

작은 볼에 민트 요거트 재료를 다 넣고 잘 섞어주세요.

아스파라거스는 필러 또는 채칼로 얇게 슬라이스하세요.

냄비에 비트, 레드 와인 비니거, 설탕, 비트가 잠길 정도의 물을 붓고 가열해 끓어오르면 불을 낮추고 35분 이상 보글보글 익혀 피클을 만드세요. 한 김 식힌 뒤 껍질을 벗기고 먹기 좋은 크기로 잘라주세요.

아스파라거스와 비트 피클을 접시에 담고 페타 치즈와 민트 요거트를 곁들여 완성하세요.

Skinny Tip 슬라이스한 아스파라거스를 찬물에 5-10분 정도 담가두면 더욱 아삭해져요.

Autumn Panzanella

구운 애호박, 가지 샐러드

그릴에 구워 부드러운 호박과 가지, 바삭한 통밀빵, 쫄깃한 모차렐라 치즈가 조화로운 샐러드예요. 로즈마리 발사믹 리덕션이 허브의 진한 향을 더합니다.

재료

애호박 ½개, 가지 ½개, 통밀빵 슬라이스 1개,
부라타 치즈 또는 모차렐라 치즈 30-40g,
EVOO 1-2테이블스푼, 루콜라 1컵, 베이비채소 1컵

로즈마리 발사믹 리덕션

발사믹 비니거 ½컵,
다진 로즈마리 잎 2티스푼 또는 드라이 로즈마리 1티스푼

만드는 법

냄비에 다진 로즈마리 잎과 발사믹 비니거를 넣고 가열하다 끓어오르면 약불로 줄이세요.
농도가 진해질 때까지 7-10분 정도 졸여 로즈마리 발사믹 리덕션을 만드세요.

애호박과 가지는 한입 크기로 잘라주세요.

그릴 팬에 기름을 살짝 바르고 달아오르면 애호박과 가지를 올려
한 면당 30초 정도 구워주세요. 통밀빵은 바삭하게 구워주세요.

통밀빵, 베이비채소, 루콜라, 애호박, 가지, 치즈를 접시에 담고
로즈마리 발사믹 리덕션과 EVOO를 뿌려 완성하세요.

Veggie Salad with Olive Yogurt

올리브 요거트 베지 샐러드

마일드한 채소와 진하고 강한 올리브 요거트의 밸런스가 잘 조합된 샐러드예요.
수분 가득한 채소와 올리브, 마늘의 조화를 즐겨보세요.

재료
당근 ¼개, 래디시 2알,
오이 ⅓개, 버터헤드레터스 1통, 페타 치즈 약간

올리브 요거트

요거트 2½테이블스푼, 올리브 4-5알,
화이트 비니거 1티스푼,
레몬즙 1티스푼, 마늘 ½-1쪽,
파마산 치즈가루 2티스푼

만드는 법
올리브 요거트 재료를 블렌더에 갈아 드레싱을 만드세요.

당근, 래디시, 오이는 슬라이스하세요. 버터헤드레터스는 한입 크기로 뜯어주세요.

버터헤드레터스, 치즈, 슬라이스한 채소를 접시에 담고 올리브 요거트를 곁들여 완성하세요.

Skinny Tip 잎채소인 버터헤드레터스는 양상추의 한 종류로 보스턴레터스라고도 불려요.
맛이 부드러워 다양한 음식에 두루 잘 어울리는데, 특히 맛이 강한 드레싱과 잘 어울려요.

Curried Cauliflower with Couscous

커리 콜리플라워 쿠스쿠스 샐러드

커리의 맛을 흡수한 콜리플라워와 오렌지 커리 요거트가 환상적인 조화를 이뤄요.
단백질 함량이 높으면서 다른 곡물에 비해 칼로리는 낮아
다이어트와 건강에 좋은 쿠스쿠스를 더욱 맛있게 즐겨보세요.

재료
콜리플라워 ½송이, 커리 오일(P. 29) 2-3테이블스푼, 다진 마늘 1테이블스푼, 쿠스쿠스 ½컵,
오렌지 겉껍질 ½개분, 오렌지즙 1테이블스푼, 물 ½컵, 소금 약간

오렌지 커리 요거트(2-3회 분량)

요거트 6테이블스푼, 오렌지즙 4테이블스푼, 레몬즙 2테이블스푼, 커리 파우더 1½테이블스푼,
계란 노른자 1개, 디종 머스터드 ½테이블스푼, 소금·후추 약간

만드는 법
볼에 한입 크기로 자른 콜리플라워, 다진 마늘, 커리 오일을 넣고 가볍게 섞은 뒤
250℃ 오븐에 넣어 5-7분 정도 구워주세요.

냄비에 물과 오렌지즙, 필러로 넓게 벗겨낸 오렌지 겉껍질, 소금을 넣고 가열해 끓어오르면
불을 끄세요. 쿠스쿠스를 넣고 뚜껑을 닫아 쿠스쿠스가 물을 다 흡수할 때까지 10분 정도
익혀주세요. 뚜껑을 열고 잘 뒤섞어 한 김 식힌 뒤 오렌지 겉껍질을 빼내세요.

작은 볼에 오렌지 커리 요거트 재료를 전부 넣고 섞어주세요.
쿠스쿠스와 콜리플라워를 접시에 담고 오렌지 커리 요거트를 곁들여 완성하세요.

Skinny Tip 홍차 건포도를 곁들여보세요. 뜨거운 물 1컵에 홍차 티백 1개와
건포도 1테이블스푼을 넣고 20분 정도 우려내 건포도만 건져내면 완성이에요.

Tomato Panzanella

토마토 브레드 샐러드

바삭하게 구운 빵이 토마토즙과 비니거를 흡수하면서 씹는 재미와 맛, 모두를 만족시키는 샐러드예요. 토마토가 제철인 여름에 더욱 맛있게 즐길 수 있어요.

재료

토마토 1개, 방울토마토 7-8개, 통밀빵 슬라이스 1개, 오이 ¼개, 올리브 3-4알, 루콜라 1컵, 부라타치즈 50-60g, 와인 건포도(화이트 와인 ½컵, 건포도 또는 건과일 한 줌)

타임 레드 와인 비니거 드레싱

발사믹 비니거 1테이블스푼, 타임 레드 와인 비니거(P. 33) 1티스푼, EVOO 1½테이블스푼, 소금·후추 약간

만드는 법

냄비에 화이트 와인을 넣고 가열해 끓어오르면 불을 끄고 건포도를 넣으세요. 10분 이상 우려낸 후 건포도만 건져 와인 건포도를 만드세요.

통밀빵은 기름을 두른 팬에 노릇해질 때까지 구워주세요.

구운 통밀빵과 토마토는 먹기 좋은 크기로 자르고, 방울토마토, 오이, 올리브는 작게 잘라주세요. 큰 볼에 자른 재료들, 루콜라, 드레싱을 전부 넣고 잘 섞은 후 치즈와 함께 접시에 담으세요. 여기에 와인 건포도를 곁들여 완성하세요.

Skinny Tip 빵은 모든 재료가 준비되고 난 뒤 구워주세요. 드레싱과 토마토즙을 흡수해도 빵이 바삭함을 유지해 더 맛있게 즐길 수 있어요.

Roasted Cauliflower Salad

구운 콜리플라워 샐러드

콜리플라워는 별다른 양념이나 조리 방법 없이 살짝 굽기만 해도 맛이 좋아지는 채소예요.
오븐에 구워 바삭하면서 부드러운 콜리플라워를 즐겨보세요.

재료
콜리플라워 또는 브로콜리 슬라이스 1컵, 올리브 오일·소금·후추 약간,
파미지아노 치즈(간 것) ¼컵, 버터헤드레터스 1통, 잣 ½줌

로즈마리 오일 드레싱

레드 와인 비니거 1테이블스푼,
로즈마리 오일(P. 23) 2½테이블스푼,
다진 샬롯 1티스푼, 소금·후추 약간

만드는 법
버터헤드레터스는 한입 크기로 뜯고, 콜리플라워는 줄기에 칼집을 넣어 송이대로 잘라낸 뒤
5mm 정도 두께로 슬라이스하세요.
드레싱 재료는 전부 섞어 준비하세요.

오븐 팬에 콜리플라워를 올리고 올리브 오일·소금·후추를 뿌린 뒤
250℃ 오븐에서 3-4분 구워주세요.

구운 콜리플라워와 버터헤드레터스, 파미지아노 치즈를 접시에 담고
잣을 뿌리세요. 여기에 드레싱을 곁들여 완성하세요.

Skinny Tip 샬롯은 양파와 같은 백합과 채소로, 양파와 마늘의 맛 둘 다 가지고 있어요.

Roasted Root Veggie Salad

뿌리채소 오븐구이 샐러드

당근과 고구마, 래디시, 비트 등의 단단한 뿌리채소를 샐러드로 즐길 때는 오븐에 구워 부드럽고 촉촉하게 만들어보세요. 허브 향까지 가득한 샐러드입니다.

재료
래디시 6알(중간 크기), 당근 1개, 래디시 잎 6개분, 로즈마리 잎 약간,
올리브 오일·소금·후추 약간

바질 요거트

요거트 4테이블스푼,
샴페인 비니거 또는 화이트 와인 비니거 2테이블스푼,
홀그레인 머스터드 1티스푼, 그라운드 코리앤더 1티스푼,
그린 바질 오일(P. 25) ½티스푼, 소금·후추 약간

만드는 법
볼에 바질 요거트 재료를 전부 넣고 섞어주세요.

래디시는 반으로 자르고, 당근은 래디시 크기에 맞춰 자르세요.
래디시와 당근을 넓은 볼에 넣고 올리브 오일, 로즈마리와 가볍게 섞어주세요.
소금·후추를 뿌린 뒤 180℃ 오븐에서 15-20분간 구워주세요.

접시에 구운 래디시와 당근, 래디시 잎, 바질 요거트를 담아 완성하세요.

Skinny Tip 래디시 잎은 무의 알싸한 맛이 풍부한 좋은 잎채소예요.

Marinaded Veggie Salad

채소 마리네이드 샐러드

맛과 향이 담백한 재료를 샐러드에 사용할 때는 마리네이드 조리법을 사용해보세요.
다양한 채소를 간단하고 맛있게 즐길 수 있어요.

재료

애호박 ⅓개, 주키니 ¼개, 가지 ⅓개, 색색의 파프리카 ½개씩,
아스파라거스 3개, 원하는 버섯 2-3개,
마리네이드(레몬즙 2테이블스푼, 레드 와인 비니거 2테이블스푼, 다진 마늘 2티스푼,
다진 로즈마리 1티스푼, EVOO 2테이블스푼)
레몬 허니(꿀 ½컵, 레몬 제스트 1개분) 2티스푼

마리네이드 드레싱

마리네이드 1테이블스푼,
로즈마리 오일(P. 23) 2테이블스푼, 홀그레인 머스터드 1티스푼

만드는 법

작은 볼에 레몬 허니 재료를 섞어두세요.
큰 볼에는 마리네이드 재료를 모두 넣고 잘 섞어 마리네이드를 만드세요.
여기에 먹기 좋은 크기로 자른 채소와 버섯을 넣고 잘 섞은 후 10분 정도 재워두세요.

뜨겁게 달군 그릴 팬에 마리네이드한 채소와 버섯을 올리고
그릴 마크가 생길 때까지 2-3분 정도 구워주세요.

남은 마리네이드에 로즈마리 오일과 홀그레인 머스터드를 섞어 마리네이드 드레싱을 만드세요.
구운 채소와 버섯을 접시에 담고, 드레싱을 뿌리고 레몬 허니를 살짝 둘러 완성하세요.

Simple Veggie Terrine

구운 채소와 페타 리코타

채소를 구워 맛은 더욱 진하게, 씹는 느낌은 더욱 부드럽게 살린 샐러드예요.
여기에 페타 리코타 치즈의 짭짤한 풍미와 석류 드레싱의 새콤달콤함이 매력적인 조화를 이뤄요.

재료

가지·애호박·주키니·스쿼시 등의 채소 각 ⅓개, 토마토 1개,
올리브 오일·소금·후추 약간, 베이비채소 ½컵, 페타 치즈 또는 고트 치즈 60g,
레몬 리코타 치즈(3-4회 분량: 우유 800ml, 레몬즙 2테이블스푼) 60g,

석류 드레싱

석류즙 1테이블스푼, 석류 비니거(P. 35) 1테이블스푼,
디종 머스터드 1티스푼, EVOO 3테이블스푼, 소금·후추 약간

만드는 법

가지, 애호박, 주키니, 스쿼시, 토마토는 1.5cm 두께로 슬라이스한 뒤
양면에 올리브 오일을 살짝 바르고 소금·후추로 간하세요.
180℃ 오븐에서 토마토는 25-30분 정도, 나머지 채소는 15분 정도 익힌 뒤 꺼내 식혀주세요.

우유를 끓어오르지 않게 따뜻한 정도로만 데운 뒤, 불을 끄고 레몬즙을 더해 잘 저으세요.
5-10분 정도 두었다가 면보를 올린 체에 걸러 레몬 리코타 치즈를 만드세요.

리코타 치즈 중 60g을 떼어 페타 치즈와 잘 섞고 소금 후추 간을 해주세요.

큰 볼에 석류 드레싱 재료를 모두 넣고 잘 섞은 뒤, 베이비채소를 넣고 잘 버무려주세요.
구운 채소와 치즈를 접시에 차곡차곡 쌓고 베이비채소를 곁들여 완성하세요.

Zoodles with Basil Tomato Pesto

토마토 바질 페스토 주키니 파스타

면 대신 호박을 이용한 특별한 파스타예요. 바질과 토마토로 만든 진한 페스토 소스가 담백하고 수분 가득한 호박 면과 맛있게 어우러지는, 저탄수화물의 죄책감 '프리' 파스타입니다.

재료

주키니 또는 애호박 ½개,
방울토마토 4-5개,
파미지아노 치즈 ⅓컵

토마토 바질 페스토

바질 잎 30g,
썬 드라이드 토마토 4-6개, 마늘 2쪽,
EVOO 또는 바질 오일(P. 23) 4테이블스푼,
구운 아몬드 50g, 소금·후추 약간

만드는 법

방울토마토는 반으로 자르세요.
호박은 가늘고 길게 채썬 후, 아삭해지도록 찬물에 담가두세요.

페스토 재료를 블렌더로 곱게 간 뒤 소금 후추 간을 해주세요.

호박 면과 페스토를 잘 섞고, 방울토마토와 파미지아노 치즈를 곁들여 완성하세요.

Skinny Tip 썬 드라이드 토마토를 대체하려면, 토마토를 180℃ 오븐에서 20분 이상 구워 수분을 날리세요.

White Asparagus with Anchovy Fillets

아스파라거스 앤초비 샐러드

아스파라거스의 마일드한 맛이 깊고 진한 풍미의 앤초비와 잘 어울리는 샐러드예요.
구운 파프리카 드레싱의 다채로운 맛도 즐겨보세요.

재료
앤초비 필레 5개, 화이트 또는 그린 아스파라거스 4개,
베이비채소 1컵, 올리브 오일·소금 약간

구운 파프리카 드레싱

파프리카 1개, 마늘 1쪽, 발사믹 비니거 1테이블스푼, EVOO 1½테이블스푼, 소금·후추 약간

만드는 법
파프리카는 반으로 갈라 꼭지와 씨를 제거하고, 마늘과 함께 올리브 오일에 살짝 버무리세요.
아스파라거스는 밑동을 제거하고 한입 크기로 잘라 올리브 오일에 버무리고 소금 간을 하세요.

250℃ 오븐에서 아스파라거스는 3-5분, 마늘은 10-15분,
파프리카는 껍질이 여기저기 검게 그을고 부풀 때까지 30분 이상 구워주세요.
다 구워진 파프리카는 오븐에서 꺼내 키친타월로 감싸 한 김 식히고
껍질을 모두 벗겨낸 후 구운 마늘,
나머지 드레싱 재료와 함께 블렌더에 곱게 갈아 드레싱을 완성하세요.

아스파라거스와 앤초비, 베이비채소를 접시에 담고 드레싱을 곁들여 완성하세요.

Skinny Tip 아스파라거스 밑동은 슬라이스해 샐러드에 넣거나 육수 재료로 활용하면 좋아요.

Roasted Cauliflower with Nut Pesto

구운 콜리플라워와 견과류 페스토

오븐에 구운 콜리플라워에 고소한 견과류와 짭짤한 치즈로 맛을 낸 페스토를 더한 샐러드예요.
호두와 잣을 갈아 만든 페스토로 진한 견과류의 풍미를 즐겨보세요.

재료
콜리플라워 ½송이, 해바라기씨 1-2테이블스푼,
올리브 오일·소금·후추 약간

견과류 페스토

호두 35g, 잣 35g, 파미지아노 치즈 10g,
홀그레인 머스터드 ½티스푼,
다진 마늘 ½티스푼, EVOO 2테이블스푼,
레몬즙 1테이블스푼, 소금·후추 약간

만드는 법
콜리플라워는 먹기 좋은 크기로 잘라 올리브 오일에 살짝 버무린 뒤 소금 후추 간을 해주세요.
250℃ 오븐에서 5-7분 정도 구운 뒤 한 김 식혀주세요.

해바라기씨는 마른 팬에 3-5분 정도 볶아주세요.

파미지아노 치즈를 강판에 갈아 볼에 넣고, 나머지 페스토 재료를 넣어 섞은 후
블렌더에 갈아 견과류 페스토를 만드세요.

콜리플라워와 견과류 페스토를 접시에 올린 뒤 해바라기씨를 곁들여 완성하세요.

○ PART 3 ○

운동 전후, 단백질 가득한 샐러드

건강한 다이어트 식단에 꼭 필요한 재료가 단백질이에요. 근육 양을 늘리기 위해서는 꾸준한 근력 운동 뿐 아니라 건강한 단백질 섭취가 꼭 필요하기 때문이에요. 다양한 종류의 건강한 단백질 섭취 방법, 그리고 질리기 쉬운 닭가슴살을 더욱 맛있고 건강하게 즐길 수 있는 새로운 조리법도 담았어요. 단백질 보충이 필요한 운동 전후에 부담 없이 즐겨보세요.

Super Skinny Salad

스키니 샐러드

식물성·동물성 단백질과 탄수화물, 채소까지 곁들여 건강은 물론 맛과 포만감도 만점인 샐러드를 소개할게요. 배부르고 든든하지만 거북하고 살찌는 느낌 없는, 살이 쏙 빠지는 스키니 샐러드입니다!

재료

와인 허브 닭가슴살(닭가슴살 1쪽, 화이트 와인 ½컵, 물 ⅓컵, 월계수잎 1개,
원하는 드라이 허브 각 ½티스푼, 통후추 5-7알), 익힌 펄 퀴노아 ⅓컵, 익힌 병아리콩 ¼컵,
익힌 렌틸콩 ⅓컵, 냉동 에다마메 ¼컵, 다진 토마토 2½테이블스푼, 캔옥수수 2테이블스푼,
다진 양파 2테이블스푼, 다진 고수 1테이블스푼, 루콜라 1½컵

스키니 드레싱 - 레몬 육수 드레싱

레몬즙 1테이블스푼, 육수 1테이블스푼, EVOO 1테이블스푼, 소금·후추 약간

만드는 법

병아리콩은 8시간에서 하루 정도 찬물에 불린 뒤 건져 냄비에 넣고, 콩이 잠길 정도로
물을 붓고 끓이다가 끓어오르면 중약불로 줄여 1시간-1시간 반 정도 익히세요.
렌틸콩은 콩의 2배 분량의 물과 함께 끓이다가 끓어오르면 중약불에서 25-30분 익히세요.
펄 퀴노아는 1.5배 분량의 물과 함께 끓이다가 끓어오르면 약불에서 15-20분 익히세요.

팬에 와인, 물, 허브, 통후추, 월계수잎을 넣고 끓어오르면 약불로 줄이고 닭가슴살을 올리세요.
뚜껑을 닫아 7분간 보글보글 끓이다가 뒤집고, 다시 뚜껑을 닫아 7분간 익힌 후 꺼내 식히세요.
팬에 남은 육수는 약불에서 1-2분 졸인 뒤 식혀 나머지 드레싱 재료와 섞어주세요.

에다마메는 해동시켜 껍질을 까고, 닭가슴살은 먹기 좋은 크기로 자르세요.
접시에 모든 샐러드 재료들을 보기 좋게 담고 드레싱을 곁들여 완성하세요.

Asparagus Salad with Quail Eggs

아스파라거스 메추리알 샐러드

화이트 와인과 꿀을 섞어 졸인 와인 허니 리덕션이 드레싱의 맛을 특별하게 바꿔줘요.
담백한 아스파라거스, 메추리알과 드레싱이 잘 어울리는 샐러드예요.

재료
아스파라거스 4-6개, 삶은 메추리알 3-4개, 경수채 1컵,
레몬즙·올리브 오일·소금·후추 약간

와인 허니 머스터드 요거트

와인 허니 리덕션(화이트 와인 1컵, 꿀 2테이블스푼) 2½티스푼, 요거트 2테이블스푼,
홀그레인 머스터드 1티스푼, 디종 머스터드 ½티스푼, 레몬즙 1티스푼, 소금 약간

만드는 법
화이트 와인과 꿀을 잘 섞은 뒤 팬에 넣고 약불에서 10-15분 정도 졸여
와인 허니 리덕션을 만드세요.
차갑게 식힌 후 나머지 드레싱 재료와 섞어 드레싱을 만드세요.

아스파라거스는 밑동을 제거하고 올리브 오일, 소금, 후추에 버무려
250℃ 오븐에서 3분 정도 구워주세요.

경수채는 레몬즙에 살짝 버무린 후 아스파라거스, 메추리알과 함께 접시에 담고
드레싱을 뿌려 완성하세요.

Skinny Tip 양손으로 아스파라거스 줄기의 중간과 밑동의 끝을 잡고 살짝 구부리면
밑동이 부러져 쉽게 제거할 수 있어요.

Warm Autumn Panzanella

버섯 수란 샐러드

버섯의 풍미가 가득한 샐러드예요. 수란의 부드러운 노른자가 고소한 맛을, 통밀빵이 바삭한 느낌을 더해주는, 건강도 맛도 모두 만점인 단백질 샐러드를 즐겨보세요.

재료

느타리·표고·양송이 등 원하는 버섯 2컵, 프리제 2컵,
수란(계란 1개, 물 4-5컵, 식초 1테이블스푼, 소금 1티스푼), 소금·후추 약간

트러플 오일 드레싱

타임 레드 와인 비니거(P. 33) 1½테이블스푼, 트러플 오일 1테이블스푼

만드는 법

냄비에 물, 식초, 소금을 넣고 수증기가 살짝 보일 정도로만 데워주세요.
국자나 종지에 계란을 깨서 담고 미끄러뜨리듯 천천히 기울여 냄비에 넣어주세요.
4-5분 정도 익힌 뒤 계란을 건져 찬물에 조심스레 담가 식히세요.

버섯은 먹기 좋은 크기로 썰어주세요.
팬에 기름을 두르고 뜨겁게 달군 후 버섯을 넣고 소금 후추 간을 해 빠르게 볶아주세요.

큰 볼에 드레싱 재료를 넣고 잘 섞어주세요. 버섯, 프리제를 드레싱과 섞고
소금 후추 간을 한 후 접시에 담으세요. 여기에 수란을 올려 완성하세요.

Skinny Tip 프리제는 농도가 물처럼 얇은 드레싱과 함께 먹기 좋은 잎채소예요.
잎이 얇고 구불구불해서 드레싱을 잘 머금거든요. 치커리로 대체할 수 있어요.

Tofu Salad with Blue Cheese Yogurt

블루 치즈 요거트 두부 샐러드

담백한 두부와 버섯에 블루 치즈 요거트가 진한 맛을 더해줘요.
피칸 캔디의 달콤함과 블루 치즈의 조화도 느껴보세요.

재료

두부 ½모, 백만송이·양송이·느타리 등 원하는 버섯 1컵, 소금·후추 약간,
타임·로즈마리 등 드라이 허브 1티스푼, 피칸 캔디(3회 분량: 피칸 400g, 설탕 3티스푼)

Optional 블루 치즈 크럼블 약간

블루 치즈 요거트

블루 치즈 10-15g, 요거트 2테이블스푼, 레몬즙 1티스푼,
마늘 분말 ¼티스푼, 꿀 ½티스푼, 소금·후추 약간

만드는 법

버섯은 깨끗이 손질해 먹기 좋은 크기로 자르세요. 팬에 기름을 두르고 뜨겁게 달군 후
버섯을 넣고 드라이 허브를 뿌린 후 소금 후추 간을 해 빠르게 볶아주세요.

피칸은 차가운 물에 10분 정도 담갔다가 물기를 뺀 뒤 설탕에 버무려 180℃ 오븐에서
20분 이상 구워주세요. 설탕 한 꼬집을 골고루 뿌린 뒤 식혀주세요.

요거트 재료를 잘 섞어주세요.
적당한 크기로 자른 두부를 접시에 담고 버섯을 올린 후 요거트와 피칸을 곁들이세요.

Skinny Tip 피칸은 호두로 대체할 수 있으며 한번에 많이 만들어두면 좋아요.

Grilled Mushroom Salad with Beans and Peas

새송이버섯과 빈 샐러드

콩과 버섯에는 건강한 단백질이 풍부해요. 진하고 향긋한 트러플 오일이 다른 재료 없이 오직 드레싱만으로 풍성한 맛과 향을 즐길 수 있게 도와줘요.

재료
새송이버섯 2개,
병아리콩·강낭콩·흰콩 등 원하는 종류의 익힌 콩 ½컵

Optional 다진 로즈마리 1티스푼

로즈마리 트러플 오일 드레싱

로즈마리 레드 와인 비니거(P. 33) 1테이블스푼,
트러플 오일 2티스푼, EVOO 1테이블스푼, 소금·후추 약간

만드는 법
드레싱 재료를 잘 섞어주세요.

병아리콩은 8시간에서 하룻밤 정도 찬물에 불린 뒤 건져 냄비에 넣고, 콩이 잠길 정도로 물을 붓고 끓이다가 끓어오르면 중약불로 줄여 1시간-1시간 반 정도 익히세요. 강낭콩과 흰콩도 같은 방법으로 익히세요.

새송이버섯은 먹기 좋은 크기로 자르세요. 그릴 팬에 기름을 살짝 바르고 뜨겁게 달군 후 자른 새송이버섯을 올려 10-15초 정도 구워주세요.

버섯과 콩을 접시에 담고, 드레싱을 곁들여 완성하세요.

Mexicali Salad

멕시칸 샐러드

고수의 청량함과 청고추의 매콤함이 다른 재료들의 맛을 더욱 살려주는 샐러드예요.
맛있고 날씬하게 조리한 닭가슴살과 건강한 요거트 드레싱을 마음껏 즐겨보세요.

재료

라임 허브 닭가슴살(닭가슴살 1쪽, 라임즙 1개분, 물 ⅓컵, 오레가노·타임 등 드라이 허브 각 ½티스푼, 고수 줄기 ½줌), 고수 잎 ½줌, 썬 드라이드 토마토 5-6개, 파프리카 ½개, 캔옥수수 2테이블스푼, 로메인 ½포기

Optional 호박씨 1-2테이블스푼, 아시아고 치즈(간 것) 1테이블스푼

라임 고수 요거트

요거트 4테이블스푼, 애플 사이더 비니거 ½테이블스푼, 라임 제스트 1개분, 청고추 1개, 아시아고 치즈(간 것) 2티스푼, 고수 잎 ⅔컵, 소금·후추 약간

만드는 법

라임 고수 요거트 재료를 블렌더에 간 뒤 소금 후추 간을 해주세요.

팬에 라임즙, 물, 허브, 고수 줄기를 넣고 끓어오르면 약불로 줄인 뒤 닭가슴살을 올리세요. 뚜껑을 닫아 7분간 보글보글 끓이다가 뒤집고, 다시 뚜껑을 닫아 7분간 익힌 후 꺼내세요.

썬 드라이드 토마토, 파프리카는 작게 자르고, 닭가슴살, 고수 잎, 로메인은 먹기 좋은 크기로 잘라 접시에 담으세요. 캔옥수수를 올리고 라임 고수 요거트를 곁들여 완성하세요.

Skinny Tip 요거트에 양파 분말을 ½티스푼 넣어도 좋아요.

Curry Yogurt Chicken Salad

커리 요거트 치킨 샐러드

새콤한 커리 요거트와 달콤한 포도, 사과가 잘 어울리는 샐러드예요.
레몬즙과 함께 익힌 레몬 허브 닭가슴살의 상큼함도 함께 즐길 수 있어요.

재료

레몬 허브 닭가슴살(닭가슴살 1쪽, 레몬즙 1개분, 물 ½컵, 고수·파슬리·바질·민트 등 다진 허브 2테이블스푼), 포도 8-10알, 사과 ¼개, 베이비채소 1½컵, 아몬드 슬라이스 1테이블스푼

커리 요거트(2회 분량)

다진 생강 ½테이블스푼, 다진 마늘 1쪽, 레드 커리 페이스트 2티스푼, 코코넛 밀크 ⅔컵, 레몬즙 2테이블스푼, 요거트 6테이블스푼, 소금·후추 약간

만드는 법

팬에 기름을 약간 두르고 다진 생강과 다진 마늘을 3분 정도 볶은 후
커리 페이스트를 넣고 1분 정도 더 볶아주세요. 여기에 코코넛 밀크를 넣어
중약불에서 10-15분 정도 졸인 후 차게 식히세요.
레몬즙, 요거트와 잘 섞고 소금 후추로 간하여 커리 요거트를 완성하세요.

팬에 물, 레몬즙, 허브를 넣고 끓어오르면 약불로 줄이고 닭가슴살을 올리세요.
7분간 보글보글 끓이다가 닭가슴살을 뒤집고, 다시 뚜껑을 닫아 7분간 익힌 후 꺼내세요.

사과와 포도, 닭가슴살을 적당한 크기로 자르고, 베이비채소와 함께 접시에 담으세요.
커리 요거트와 아몬드 슬라이스를 뿌리세요.

Skinny Tip 커리 페이스트는 간이 강하기 때문에 드레싱의 맛을 봐가며 소금 간을 하세요.

Grilled Chicken Salad with Pickled Onion

양파 피클 치킨 샐러드

상큼한 레몬즙에 마리네이드한 닭가슴살과 로즈마리 비니거 드레싱이 어우러진
맛있는 샐러드예요. 간단하게 만드는 양파 피클도 함께 즐겨보세요.

재료
닭가슴살 1쪽, 레몬즙 2테이블스푼, EVOO 1테이블스푼, 다진 마늘 1티스푼,
소금·후추 약간, 양파 ¼개, 레드 와인 비니거 적당량, 적배추 ¼통

로즈마리 비니거 드레싱

로즈마리 레드 와인 비니거(P. 33) 1테이블스푼, EVOO 2테이블스푼, 소금·후추 약간

만드는 법
볼에 닭가슴살과 레몬즙, EVOO, 다진 마늘을 넣고 30분 정도 마리네이드한 후
소금 후추로 밑간을 하세요. 그릴 팬에 기름을 살짝 바르고 뜨겁게 달군 후 닭가슴살을 올리고,
한 면당 5-6분 정도씩 익힌 후 휴지시키세요.

작은 볼에 로즈마리 비니거 드레싱 재료를 넣고 잘 섞으세요.

양파는 얇게 슬라이스해 양파가 충분히 잠길 정도의 레드 와인 비니거에 담그세요.

닭가슴살과 적배추는 먹기 좋은 크기로 자르세요.
닭가슴살, 적배추, 양파를 접시에 담고 드레싱을 곁들이세요.

Skinny Tip 닭가슴살을 굽고 난 그릴에 레몬즙 1테이블스푼을 뿌려 디글레이즈한 뒤
적배추를 구우면 부드럽게 즐길 수 있어요.

Chili Lime Chicken Salad

칠리 라임 치킨 샐러드

자극적인 음식이 먹고 싶을 때 욕구를 채워줄 수 있는 샐러드예요.
너무 맵지도 너무 심심하지도 않은, 적당히 자극적인 맛으로 입을 즐겁게 해줘요.

재료

칠리 라임 닭가슴살(닭가슴살 1쪽, 물 ⅓컵, 라임즙 3테이블스푼, 소금·후추 약간, 월계수잎 1개,
드라이 오레가노 ½티스푼, 통후추 약간, 칠리 파우더 1½ 티스푼),
색색의 파프리카 각 ½개, 치커리 1-2컵

스키니 드레싱 - 칠리 라임 육수 드레싱

라임즙 1테이블스푼, 간장 1티스푼, 꿀 2티스푼, 칠리 라임 닭가슴살 육수 ½티스푼,
포도씨유 ½테이블스푼, 소금·후추 약간

만드는 법

닭가슴살에 소금 후추로 밑간을 해두세요.
팬에 물, 라임즙, 월계수잎, 드라이 오레가노, 통후추, 칠리 파우더를 넣고 끓어오르면
약불로 줄이고 닭가슴살을 올리세요.
뚜껑을 닫아 7분간 보글보글 끓이다가 뒤집고, 다시 뚜껑을 닫아 7분간 익힌 후 꺼내세요.
팬에 남은 육수는 약불에 1-2분 줄인 뒤 식혀 다른 드레싱 재료들과 섞어 드레싱을 만드세요.

파프리카는 먹기 좋은 크기로 자른 뒤,
팬에 기름을 두르고 볶거나 180℃ 오븐에서 10-15분 정도 익히세요.

닭가슴살, 치커리는 한입 크기로 자르고, 파프리카와 함께 접시에 담으세요.
드레싱을 곁들여 완성하세요.

Curried Carrot and Pickled Beet Salad

커리 당근과 비트 피클 샐러드

새콤달콤하게 익힌 비트와 커리 오일에 볶은 당근이 잘 어울리는 샐러드예요.
달콤한 건포도를 곁들여 더 맛있고, 닭가슴살이 속을 든든하게 채워줘요.

재료
닭가슴살 1쪽, 비트 피클(비트 1개, 레드 와인 비니거 1컵, 설탕 ½컵), 당근 ⅓개,
커리 오일(P. 29) 1테이블스푼, 베이비채소 1½컵, 건포도 1테이블스푼, 소금·후추 약간

레몬 커리 오일 드레싱

레몬즙 1테이블스푼, EVOO 1½테이블스푼, 커리 오일(P. 29) 1티스푼, 소금·후추 약간

만드는 법

냄비에 비트, 레드 와인 비니거, 설탕, 비트가 잠길 정도로 물을 넣고 가열해 끓어오르면
불을 낮추고 35분간 익히세요. 한 김 식힌 뒤 껍질을 벗기고 먹기 좋은 크기로 자르세요.

닭가슴살은 소금 후추로 밑간을 하세요. 그릴 팬에 기름을 살짝 바르고 뜨겁게 달군 후
닭가슴살을 올리고 한 면당 5-6분씩 익히세요. 휴지시킨 후 한입 크기로 썰어주세요.

당근은 채썬 뒤 커리 오일을 두른 팬에서 소금 간을 하며 3-5분 정도 볶고 나서
키친타월로 기름기를 살짝 빼세요.

작은 볼에 드레싱 재료를 넣고 섞어주세요.
비트 피클, 당근, 베이비채소, 닭가슴살을 접시에 담으세요.
건포도와 드레싱을 곁들여 완성하세요.

Ground Beef Salad with MaYogurt

그라운드 비프 샐러드

마요네즈만큼 진하고 맛있지만 마요네즈는 전혀 넣지 않은 요거트 드레싱으로,
저칼로리 샐러드를 만들어보세요. 많은 재료를 사용하지 않고도
간단하고 맛있게 먹을 수 있어요.

재료

다진 소고기 150g, 드라이 타임·드라이 오레가노·그라운드 코리앤더 각 ½티스푼,
양파 ¼개, 마늘 1쪽, 소금·후추 약간,
양상추 ⅙-¼통, 고수 잎 한 줌, 체더 치즈(간 것) 약간

Optional   토마토 ½개 또는 방울토마토 5-6개

마요 요거트

요거트 3테이블스푼, 화이트 비니거 1½-2테이블스푼, 레몬즙 1테이블스푼,
꿀 1티스푼, 마늘 분말 또는 양파 분말 ½티스푼, 소금·후추 약간

만드는 법

양파와 마늘은 다지고, 양상추는 먹기 좋은 크기로 잘라주세요.

마른 팬에 다진 소고기, 타임, 오레가노, 코리앤더를 넣고 소금 후추 간을 한 뒤
갈색이 날 때까지 8분 정도 볶다가 다진 양파와 마늘을 넣고 3분 정도 더 볶아주세요.

작은 볼에 마요 요거트 재료를 넣고 섞어주세요.

양상추와 볶은 고기를 접시에 담고 체더 치즈, 마요 요거트, 고수 잎을 곁들여 완성하세요.

Steak Salad with Guacamole and Yogurt

과카몰리 스테이크 샐러드

지방이 적은 소고기를 더 건강하고 맛있게 먹을 수 있는 방법을 소개합니다. 부드럽고 상큼한 과카몰리와 새콤한 요거트, 토마토, 양파, 옥수수와 함께 즐겨보세요.

재료

등심·우둔살 등 지방이 적은 소고기 100g, 소금·후추 약간,
작게 자른 토마토 2테이블스푼, 다진 양파 2테이블스푼, 캔옥수수 2테이블스푼,
로메인 ½포기 또는 버터헤드레터스 1통, 고수 잎 ½줌, 요거트 3테이블스푼

과카몰리

아보카도 ½개, 라임즙 2-3티스푼, 다진 양파 1½테이블스푼,
다진 고수 1-2테이블스푼, 소금·후추 약간

만드는 법

로메인은 한입 크기로 자르고, 소고기는 소금 후추 밑간을 해주세요.

팬에 기름을 조금 두르고 뜨겁게 달군 후 소금 후추 간을 한 소고기를
원하는 익힘 정도에 따라 한 면당 2-3분 정도 구워주세요.
휴지시킨 후 먹기 좋은 크기로 썰어주세요.

과카몰리 재료를 전부 블렌더에 갈거나, 아보카도를 살짝 으깨 나머지 재료와 잘 섞은 후
소금 후추 간을 해주세요.

로메인, 토마토, 양파, 옥수수, 소고기를 접시에 담고
과카몰리와 요거트, 고수 잎을 곁들여 완성하세요.

Beef Tenderloin Salad with Herby Dressing

안심 스테이크 허브 드레싱 샐러드

소 안심은 칼로리는 다소 높지만 지방이 적으면서도 육질이 부드러워, 붉은 고기가 먹고 싶을 때 선택하면 좋은 부위예요. 허브의 진한 맛과 향이 스테이크와 잘 어울리는 샐러드입니다.

재료
소 안심 100g, 모차렐라 치즈 적당량, 베이비채소 2컵, 소금·후추 약간

허브 드레싱

고수 ½컵, 파슬리 ¼컵, 마늘 1개, 오레가노 2테이블스푼,
화이트 와인 비니거 1-2테이블스푼, EVOO 1½테이블스푼,
카놀라유 ½테이블스푼, 소금·후추 약간

Optional 샬롯 ½개

만드는 법
소 안심에 소금 후추로 밑간을 해주세요.

팬에 기름을 두르고 뜨겁게 달군 후 소 안심을 한 면당 2-3분 정도
원하는 익힘 정도에 따라 구워주세요. 휴지시킨 후 먹기 좋은 크기로 썰어주세요.

드레싱 재료를 블렌더에 갈아주세요.

소 안심, 베이비채소, 치즈를 접시에 담고 드레싱을 뿌려 완성하세요.

Skinny Tip 오레가노는 드라이 오레가노 1테이블스푼으로 대체할 수 있어요.

Seared Duck Breast Salad

오리 가슴살 스테이크 샐러드

오리고기는 달콤한 과일과 잘 어울리는 육류 중 하나예요. 귤즙을 더해 새콤달콤한
허브 비니거 리덕션을 곁들여 특별한 샐러드를 만들어보세요.

재료
오리 가슴살 1쪽, 귤 ½개, 루콜라 또는 치커리 1½컵, EVOO 1테이블스푼

Optional 고다 치즈 ¼컵, 토마토 약간

허브 비니거 리덕션

화이트 와인 비니거 ½컵, 귤즙 ½개분, 타임·오레가노 등 드라이 허브 ½티스푼

만드는 법
비니거, 귤즙, 허브를 약불에서 7-10분 정도 졸인 뒤 식혀 허브 비니거 리덕션을 완성하세요.

달구지 않은 마른 팬에 오리 가슴살 껍질이 팬에 닿게 올린 뒤 중약불에서 10-13분 정도
천천히 구우면서 중간 중간 페이퍼타월로 기름을 제거하세요.
가슴살을 뒤집은 후 180℃ 오븐에서 5-6분 정도 익히고, 꺼내서 휴지시키세요.

가슴살을 적당한 두께로 슬라이스하고 귤, 루콜라와 함께 접시에 담으세요.
허브 비니거 리덕션과 EVOO를 곁들여 완성하세요.

Skinny Tip 오리 가슴살 껍질은 기름을 최대한 많이 빼야 껍질이 바삭해져 맛있고
지방도 줄어 맛은 좋아지고 칼로리 부담이 없어요.
귤은 오렌지나 석류 등으로 바꿔서 새롭고 다양하게 즐겨보세요.

Smoked Duck Breast
with Pickled Cabbage Salad

훈제 오리와 적배추 피클 샐러드

새콤하게 담근 적배추 피클과 달콤한 호두 캔디, 담백한 훈제 오리의 밸런스가 매력적인 샐러드예요. 훈제 오리는 차갑게 또는 살짝 구워 따뜻하게도 즐길 수 있어요.

재료

훈제 오리 슬라이스 100g,
허니 오렌지 호두(호두 10-15알, 꿀 1테이블스푼, 오렌지 제스트 ½개분),
적배추 피클(적배추 ¼통, 레드 와인 비니거 1테이블스푼, 레드 와인 ½테이블스푼, 레몬즙 ½테이블스푼,
설탕 ¼티스푼, EVOO 1테이블스푼),

Optional 오렌지 적당량

만드는 법

적배추는 단단한 중심을 제거하고 가늘게 채썰어주세요.

큰 볼에 채썬 적배추와 나머지 피클 재료를 넣고 잘 섞은 후,
상온에서 10-30분 정도 마리네이드하여 피클을 만드세요.

팬에 꿀을 넣고 가열하다가 꿀의 농도가 옅어지고 갈색이 살짝 돌면
호두와 오렌지 제스트를 넣고 잘 섞은 후 팬에서 덜어내 찬 곳에 펼쳐 식혀주세요.
꿀이 굳으면 작게 떼어내세요.

적배추 피클을 접시에 담고 훈제 오리와 허니 오렌지 호두를 곁들여 완성하세요.

Skinny Tip 훈제 오리 슬라이스는 기름 없이 약불에서 3-5분 정도 구우면
껍질의 지방이 빠져 칼로리를 더욱 낮출 수 있어요.

Pork Tenderloin and Wheat Berry Salad

돼지 안심 통밀 샐러드

육수에 익힌 통밀, 촉촉하고 부드럽게 익혀낸 돼지 안심의 특별한 맛을 즐겨보세요.
저지방 고단백에 건강한 탄수화물까지 고루 갖춘 샐러드입니다.

재료

라임 와인 돼지 안심(돼지 안심 100g, 화이트 와인 ½컵, 라임즙 2테이블스푼, 드라이 로즈마리·드라이 오레가노 각 ⅔티스푼, 월계수잎 1개, 통후추), 통밀 ½컵, 물 1½컵, 양상추 2컵

Optional 파미지아노 치즈(간 것) ⅓컵, 다진 차이브 1테이블스푼

파프리카 드레싱

파프리카 ½개, 애플 사이더 비니거 1테이블스푼, 다진 양파 ½테이블스푼, 다진 마늘 ½티스푼, 다진 생강 ½티스푼, 포도씨유 1테이블스푼, EVOO·소금·후추 약간

만드는 법

파프리카는 반으로 갈라 꼭지와 씨를 제거하고, EVOO를 바른 후 250℃ 오븐에서 30분 이상 껍질이 여기저기 검게 그을고 부풀 때까지 구우세요. 오븐에서 꺼내 키친타월로 감싸 한 김 식힌 뒤 껍질을 벗기고, 나머지 드레싱 재료들과 함께 블렌더에 갈아 드레싱을 완성하세요.

와인, 라임즙, 허브, 월계수잎, 통후추를 팬에 넣고 끓어오르면 약불로 줄인 뒤 안심을 올리고 뚜껑을 닫으세요. 약불에서 8분간 끓인 후 안심을 뒤집고 뚜껑을 닫아 8분간 끓여 완성하세요. 팬에 남은 육수에 통밀과 물을 넣고, 끓어오르면 약불로 줄여 30-35분 익히세요.

양상추는 한입 크기로 뜯어내세요.
안심, 통밀, 양상추를 접시에 담고 드레싱을 곁들여 완성하세요..

substantial salads

○ PART 4 ○

배고플 때,
포만감을 주는 샐러드

다이어트를 할 때 가장 큰 소원은 '배부르게 먹고 싶다'라는 것이지요. 이러한 욕구를 채워주는 게 이른바 '착한 탄수화물'이에요. 건강한 체중 감량의 비밀이 바로 여기에 있어요. 도정하지 않은 통곡물, 채소, 과일을 이용한 샐러드뿐만 아니라 칼로리 높은 스프레드 없이 맛있고 건강하게 즐기는 토스트, 영양 가득 진하고 든든한 수프를 소개합니다. 포만감이 넘치지만 살은 찌지 않아요.

Wilted Swiss Chard and Pickled Chard Stem Salad

근대 샐러드

근대, 케일, 비트처럼 잎이 두꺼운 채소는 볶거나 찌는 등 열을 가해 부드럽게 만들면 좋아요.
근대의 잎과 줄기를 다양한 방법으로 조리하여 근대의 풍부한 맛과 영양을 즐겨보세요.

재료

근대 15장, 다진 마늘 1티스푼, 소금·후추 약간, 화이트 비니거 ½컵, 물 ¼컵, 설탕 ¼컵,
통밀 ½컵, 물 1½, 홍차 건포도(홍차 티백 1개, 건포도 ⅓컵) ⅓컵

셰리 비니거 드레싱

셰리 비니거 또는 레드 와인 비니거 1테이블스푼, 레몬즙 ½테이블스푼,
EVOO 2테이블스푼, 소금·후추 약간

만드는 법

건포도는 뜨거운 물에 홍차 티백과 같이 20분 정도 우려낸 뒤 건포도만 건져내세요.
드레싱 재료는 잘 섞어주세요.

근대는 줄기와 잎을 분리해 줄기는 작게, 잎은 적당한 크기로 자르세요.
팬에 기름을 두르고 다진 마늘을 볶은 뒤 근대 잎을 넣고 소금 후추 간을 하세요.
빠르게 저으며 10-15초 정도 살짝 볶아주세요.

냄비에 화이트 비니거, 물, 설탕을 넣고 가열해 끓어오르면 불을 끄고 근대 줄기에 붓고
상온에 10-15분 정도 두어 근대 줄기 피클을 만드세요.

냄비에 통밀과 물을 넣고 끓어오르면 약불로 줄이고 30-35분 끓여 통밀을 익히세요.
볶은 근대 잎, 근대 줄기 피클, 홍차 건포도, 통밀을 드레싱과 섞은 뒤 접시에 담으세요.

Oat Salad with Pickled Walnut

귀리 호두 피클 샐러드

알알이 터지듯이 씹히는 귀리의 느낌이 재미있는 샐러드예요. 칼로리는 낮으면서도 섬유질이 풍부해 포만감을 주는, '먹어도 살이 안 찌는' 귀리 샐러드를 맛있게 즐겨보세요.

재료

귀리 ½컵, 물 1½컵, 다진 파 2-3테이블스푼, 다진 건 크랜베리 ¼컵,
호두 피클(호두 ½컵, 레드 와인 비니거 ⅓컵, 발사믹 비니거 ⅓컵, 물 ⅓컵, 설탕 ⅓, 시나몬 스틱·팔각·
정향 등 스파이스 약간), 베이비채소 또는 루콜라 ½컵

애플 사이더 허니 드레싱

레몬즙 1테이블스푼, 애플 사이더 비니거 ½테이블스푼,
EVOO 2테이블스푼, 꿀 1티스푼, 소금·후추 약간

Optional 익힌 강낭콩 ⅓컵

만드는 법

냄비에 물과 귀리를 넣고 가열해 끓어오르면 약불로 낮추고
뚜껑을 닫아 40분 정도 보글보글 익힌 뒤 식혀주세요.

호두는 찬물에 10분 정도 불린 뒤 건지세요.
냄비에 레드 와인 비니거, 발사믹 비니거, 물, 설탕, 스파이스를 넣고 가열해 끓어오르면
호두를 넣고 불을 끈 뒤 상온에서 식혀 호두 피클을 만드세요.

볼에 드레싱 재료를 넣고 잘 저은 뒤 귀리, 파, 크랜베리를 넣고 섞어 접시에 담아내세요.
호두 피클과 베이비채소를 곁들여 완성하세요.

Black Rice Quinoa Salad

흑미 퀴노아 버섯 샐러드

좋은 탄수화물과 풍부한 식물성 단백질이 고르게 균형 잡힌 곡물 샐러드예요. 트러플 오일을
더해 버섯의 풍미가 가득합니다. 차갑게 먹어도 맛있지만, 따뜻하게 즐겨도 좋아요.

재료

레몬 퀴노아(레드 퀴노아 ½컵, 물 1¼컵, 레몬즙 1테이블스푼), 익힌 흑미 ¼컵,
양송이·백만송이 등 버섯 2컵, 잘게 다진 당근 ¼컵,
잘게 다진 에다마메 ¼컵, 소금·후추 약간

레몬 트러플 오일 드레싱

레몬즙 1테이블스푼, EVOO 1테이블스푼, 트러플 오일 2티스푼, 소금·후추 약간

만드는 법

냄비에 퀴노아, 물, 레몬즙을 넣고 가열해 끓어오르면 약불로 낮추고 보글보글 30분 정도
익히세요. 수분이 퀴노아에 모두 흡수되면 다 익었다는 뜻으로,
불을 끄고 뒤섞어 한 김 빼고 식혀주세요.

흑미는 1컵당 2½컵 정도의 물과 함께 가열한 뒤 끓어오르면 약불로 낮추고
보글보글 20-30분 정도 익히세요. 혹은 압력밥솥을 이용해 익혀두세요.

버섯은 먹기 좋은 크기로 자른 후, 팬에 기름을 두르고 소금 후추로 간하며
센불에서 빠르게 볶아주세요.

큰 볼에 드레싱 재료를 넣고 잘 섞은 뒤,
퀴노아, 흑미, 버섯, 당근, 에다마메를 넣어 드레싱과 잘 섞고 접시에 담으세요.

Healthy Yummy Skinny Toast

스키니 토스트

지방 함량과 칼로리가 높고 설탕 가득한 스프레드는 이제 잊으세요.
느끼하거나 무겁지 않으면서 다양한 풍미가 느껴져 한입 한입이 즐겁고 건강한,
스키니 셰프의 스키니 토스트를 소개합니다.

시금치 아몬드 페스토와 토마토 토핑

재료

시금치 150g, 구운 아몬드 ¼컵,
EVOO 3테이블스푼, 마늘 2쪽,
소금·후추 약간, 발사믹 비니거 1티스푼,
방울토마토 4-5개, 올리브 3알,
통밀빵 슬라이스 1개

만드는 법

소금을 약간 넣은 물을 끓이다가 마늘을 넣고 1분 정도 데치세요.
시금치를 넣고 1-2분 정도 데친 후 마늘과 함께 건져 얼음물에 바로 식히세요.
시금치는 물기를 꽉 짜내 마늘, 구운 아몬드, EVOO 2테이블스푼과 함께 곱게 갈아낸 후
소금 후추 간을 하여 시금치 아몬드 페스토를 완성하세요.
방울토마토와 올리브는 다지고 비니거는 EVOO 1테이블스푼과 잘 섞은 뒤
소금 후추 간을 하세요. 통밀빵 슬라이스는 바삭하게 굽고,
그 위에 시금치 아몬드 페스토를 바른 뒤 방울토마토와 올리브를 올리세요.

Skinny Tip 시금치에서 짜낸 물은 버리지 말고 페스토 농도를 맞추는 데 쓰면 좋아요.

라임 아보카도와 옥수수

재료

아보카도 ½개, 라임즙 1테이블스푼,
요거트 1-2테이블스푼, 소금·후추 약간,
다진 양파 3테이블스푼, 통밀빵 슬라이스 1개,
캔옥수수 1테이블스푼, 고수 잎 약간

만드는 법

아보카도는 으깬 후 라임즙, 요거트, 다진 양파와 섞은 뒤 소금 후추 간을 해
라임 아보카도를 만드세요. 바삭하게 구운 통밀빵 슬라이스 위에
라임 아보카도를 바르고 캔옥수수와 고수 잎을 올리세요.

파프리카 치즈 요거트와 아스파라거스

재료

파프리카 ½개, 체더 치즈 35g, 요거트 3테이블스푼,
아스파라거스 3개, 레몬즙 ½테이블스푼, 꿀 ¼티스푼,
올리브 오일·소금·후추 약간, 통밀빵 슬라이스 1개
Optional 카이엔페퍼 한 꼬집, 발사믹 리덕션 약간

만드는 법

파프리카는 250℃ 오븐에서 껍질이 부풀어오르고 살짝 검게 그을릴 때까지
30분 이상 구운 뒤 꺼내주세요. 키친타월에 감싸 한 김 식히고
껍질을 벗겨 치즈, 요거트, 레몬즙, 꿀과 함께 블렌더에 갈아 파프리카 치즈 요거트를 만드세요.
아스파라거스는 한입 크기로 잘라 올리브 오일과 잘 섞은 뒤 소금 후추 간을 하고
250℃ 오븐에서 3-4분 구워주세요.
바삭하게 구운 통밀빵 슬라이스 위에 파프리카 치즈 요거트를 바르고
아스파라거스를 올려 완성하세요.

리코타 요거트와 브로콜리 피클

재료

레몬 리코타 치즈(P. 59) 2테이블스푼,
요거트 ½테이블스푼,
한입 크기로 자른 브로콜리 1컵, 소금·후추 약간,
화이트 와인 비니거 1-2테이블스푼, 통밀빵 슬라이스 1개

만드는 법

기름을 두른 팬에 브로콜리를 넣고 소금 후추 간을 하여 1분 정도 볶다가 비니거를 넣고 수분이 거의 날아갈 때까지 졸여 피클을 만드세요. 레몬 리코타 치즈와 요거트를 섞어 소금 후추 간을 하고 바삭하게 구운 통밀빵 슬라이스 위에 바른 뒤, 브로콜리 피클을 올려 완성하세요.

트러플 바질 페스토와 버섯 피클

재료

느타리 또는 백만송이 등 버섯 1컵,
화이트 발사믹 비니거 1-2테이블스푼,
바질 35g, 마늘 1쪽, 잣 13g,
EVOO 2테이블스푼, 트러플 오일 2티스푼,
소금·후추 약간, 통밀빵 슬라이스 1개

만드는 법

버섯은 먹기 좋은 크기로 자른 후 팬에 넣고 소금 후추 간을 해
센불에서 빠르게 1분 정도 볶아주세요.
여기에 비니거를 더해 수분이 거의 다 날아갈 때까지 졸여 피클을 만드세요.
바질, 마늘, 잣, EVOO, 트러플 오일, 소금과 후추를 블렌더에 곱게 갈아
트러플 바질 페스토를 만드세요.
통밀빵 슬라이스를 바삭하게 구운 뒤 그 위에 페스토를 바르고 버섯 피클을 얹어 완성하세요.

Spinach Bean Purée Soup

시금치 그린빈 수프

시금치와 에다마메의 선명한 녹색과 맛을 그대로 담았어요. 콩의 건강한 단백질을 부드러운 수프로 즐길 수 있어요.

재료

에다마메·완두콩 등 녹색 콩 1컵,
다진 양파 ⅓컵, 다진 마늘 1쪽분,
콩 익힌 물 또는 물 ½컵, 우유 ½컵,
시금치 잎 1컵, 소금·후추 약간

Optional 요거트 1테이블스푼, 민트 오일(P. 23) 1티스푼

만드는 법

에다마메는 끓는 소금물에 익혀 한 김 식히고, 콩을 익힌 물은 ½컵 따로 떠 놓으세요.
시금치는 끓는 소금물에 20초 데친 후 차가운 물에 바로 식혀주세요.

기름을 두른 냄비에 양파와 다진 마늘을 넣고 2-3분 정도 볶은 후,
콩을 넣고 3분 더 볶아주세요.
여기에 콩 육수와 우유를 붓고 약불에서 보글보글 10분 정도 끓인 후 블렌더에 넣고
물기를 꽉 짜낸 데친 시금치와 함께 곱게 갈아주세요.

소금 후추로 간을 맞추세요.

Skinny Tip 익혀서 파는 콩이나 통조림을 이용하면 콩을 익히는 시간을 줄일 수 있어요.
민트는 녹색 콩과 잘 어울리는 허브예요. 민트 오일을 곁들여 풍미를 높여보세요.

Cauliflower Mushroom Soup with Truffle Oil

콜리플라워 버섯 수프와 트러플 오일

칼로리가 높은 크림을 넣지 않아도 부드럽고 맛있는 수프를 만들 수 있어요.
트러플 오일을 사용해, 평범한 수프를 특별하게 즐겨보세요.

재료

양송이버섯 60g,
콜리플라워 ¼개(약 100g),
다진 양파 2테이블스푼,
다진 마늘 ½티스푼,
채소 육수(P. 37) 또는 물 ½컵,
우유 ½컵,
소금·후추 약간,
트러플 오일 2티스푼

Optional 버섯 피클 (P. 123)

만드는 법

양송이버섯과 콜리플라워는 같은 크기로 잘게 자르세요.

냄비에 기름을 두르고 다진 마늘과 양파를 넣고 양파가 투명해질 때까지 2-3분 정도 볶은 뒤
자른 양송이버섯과 콜리플라워를 넣고 5분 정도 더 볶아주세요.
채소 육수와 우유를 붓고 센불로 가열하다 끓어오르면 약불로 줄이고
10-15분 정도 보글보글 끓이세요.

콜리플라워와 버섯이 다 익으면 블렌더에 곱게 갈아내세요.
소금 후추 간을 하고 트러플 오일을 떨어뜨려 완성하세요.

Tomato Bisque

토마토 비스크

몸에 좋은 토마토와 건강한 탄수화물인 현미로 만든 비스크예요. 더욱 맛있고 더욱 건강한, 토마토의 진한 맛을 즐길 수 있어요.

재료
양파 ¼개, 당근 ⅓개,
셀러리 ¼줄기,
다진 마늘 1쪽분,
토마토 또는 홀토마토 210g,
월계수잎 1개,
현미 ¼컵,
우유 1컵, 소금·후추 약간

Optional 파미지아노 치즈(간 것) ⅓컵, 바질 잎 약간, 통밀빵 슬라이스 1개

만드는 법
양파, 당근, 셀러리는 일정한 크기로 잘게 자르세요.

기름을 두른 냄비에 양파, 당근, 셀러리, 다진 마늘을 넣고 5분 정도 볶다가
다진 토마토를 넣고 5분 정도 끓여주세요.

월계수잎, 현미, 우유를 더해 30분 정도 익힌 뒤 월계수잎은 빼고 블렌더에 곱게 갈아주세요.
소금 후추 간을 해 완성하세요.

Skinny Tip 통밀빵 크루통을 곁들여보세요. 통밀빵을 한입 크기로 자르고
EVOO를 살짝 뿌린 뒤 200℃ 오븐에서 10-15분 정도 노릇해질 때까지 구워 만드세요.
현미를 미리 익혀서 넣을 경우, 현미를 넣은 후 10분만 끓여주세요.

Ginger Carrot Soup

당근 생강 수프

당근의 단맛과 생강의 알싸한 맛이 잘 어울리는 수프예요. 생강이 몸을 온기로 가득 채워주어
쌀쌀한 가을 겨울에 따뜻하게 먹으면 좋아요.

재료

당근 2개,
양파 ¼개, 셀러리 1줄기,
다진 생강 2티스푼,
화이트 와인 ¼컵,
채소 육수(p. 37) 또는 물 1컵

Optional 그라운드 큐민 ½티스푼, 그라운드 코리앤더 ¼티스푼, 씨앗 캔디

만드는 법

양파, 셀러리, 당근은 일정한 크기로 잘게 써세요.

기름을 두른 냄비에 다진 생강을 넣고 2-3분 정도 볶다가
양파, 셀러리, 당근을 더해 10분 정도 익히세요.

화이트 와인을 더해 살짝 졸인 후, 채소 육수를 붓고 당근이 부드러워질 때까지
10분 이상 끓인 후 블렌더에 곱게 갈아 완성하세요.

Skinny Tip 씨앗 캔디는 달콤하고 고소한 맛을 더해줘요. 팬에 꿀 1테이블스푼을 넣고 가열해
꿀의 농도가 옅어지고 갈색이 살짝 돌면 호박씨 2테이블스푼, 해바라기씨 1테이블스푼,
레몬 제스트 ½개분을 더해 잘 섞은 뒤 팬에서 덜어내 찬 곳에 펼치고 소금 간을 하세요.
꿀이 굳으면 작게 떼어내 수프에 곁들이세요.

Chili Con Carne

칠리 빈 수프

소고기와 콩, 깊고 진한 토마토의 맛이 어우러져 한입 한입 넘기는 게 아쉬운 수프예요. 쌀쌀한 늦가을부터 추운 겨울까지 즐겨보세요. 따끈하고 든든한, 고단백 저칼로리 별미입니다.

재료(2회 분량)

다진 소고기 220g, 마늘 2쪽, 토마토 3개 또는 홀토마토 400g,
홍고추 1개, 양파 ⅓개, 당근 ⅓개,
토마토 페이스트 2-3테이블스푼, 소뼈 육수(P. 36) ⅔컵,
강낭콩·흰콩·병아리콩 등 삶은 콩 120g,
그라운드 큐민 1티스푼, 월계수잎 1개,
칠리 파우더 한 꼬집, 소금·후추 약간

Optional 우스터 소스 2티스푼, 체더 치즈(간 것) ⅓컵, 통밀빵 크루통 약간

만드는 법

마늘, 토마토, 홍고추는 다지고, 양파와 당근은 스몰 다이스로 자르세요.

기름을 두르지 않은 팬에 다진 소고기를 넣고 갈색이 날 때까지 볶다가
마늘, 양파, 당근을 더해 5분 더 볶아주세요.

토마토 페이스트를 넣고 1분 정도 볶은 후, 다진 토마토와 홍고추,
소뼈 육수, 콩, 큐민, 월계수잎을 넣고 센불에 끓이세요.
끓어오르면 약불로 낮추고 적당한 농도가 될 때까지 20-30분 정도 끓이세요.

월계수잎을 건져낸 뒤 칠리 파우더를 뿌리고 소금 후추 간을 해 완성하세요.

Skinny Tip 강낭콩·흰콩·병아리콩을 익히는 레시피는 95쪽을 참고하세요.

Corn Soup

콘 수프

과자, 케이크, 초콜릿을 먹고 싶을 때 단맛이 나는 야채와 옥수수를 이용하면
그 욕구를 달랠 수 있어요. 달콤한 옥수수와 매콤한 고추가 조화로운 수프를 즐겨보세요.

재료
캔옥수수 1½컵, 양파 ¼개,
마늘 1쪽, 홍고추 ⅓개, 우유 1컵,
소금·후추 약간

Optional 익힌 쿠스쿠스 ⅓컵,
다진 홍고추 1티스푼, 칠리 오일(P. 29) 1티스푼

만드는 법
양파, 마늘, 홍고추를 다지세요.

냄비에 기름을 두르고 양파, 마늘, 홍고추를 2분 정도 볶다가
옥수수를 넣고 3-5분 정도 더 익혀주세요.

우유를 붓고 5-10분 정도 약불에서 끓인 후 소금·후추로 간하세요.
한 김 식히고 블렌더에 곱게 갈아주세요.

Skinny Tip 캔옥수수 대신 생 옥수수를 이용할 경우, 알을 분리하고 남은 옥수수 속대에
속대가 잠길 정도의 물을 붓고 10분 정도 끓여 옥수수 육수를 만들어보세요.
우유 중 ½컵을 빼고 대신 넣으면 풍미를 더욱 살릴 수 있어요. 또한 생것을 쓰는 만큼,
캔옥수수를 쓸 때보다 수프 끓이는 시간을 5-10분 정도 늘리세요.
쿠스쿠스는 익힐 분량과 같은 양의 끓는 물을 붓고 쿠스쿠스가 물을 다 흡수할 때까지
10분 정도 두면 돼요.

○ PART 5 ○

지쳤을 때, 기분전환용 상큼한 샐러드

과일은 지친 몸에 활력을 불어넣는 중요한 식재료예요. 신선한 과즙과 향긋하고 싱그러운 과육이 입안을 가득 채우면 지친 몸과 마음을 상쾌하게 바꿀 수 있어요. 또한 친숙한 과일도 다양한 조리법을 쓰면 더욱 맛있고 새롭게 즐길 수 있어요. 허브, 치즈, 견과류 등 청량함과 풍미를 더하는 재료와 함께 조화롭게 만드는 법부터 재료의 영양을 더욱 살리는 조리법까지. 활력과 에너지를 충전하고 기운을 북돋아주는 과일·채소 샐러드 만드는 법을 지금부터 소개할게요.

Celery Apple Salad

셀러리 사과 샐러드

사과와 드레싱은 달콤하고, 셀러리는 쌉쌀해서 밸런스가 잘 맞아요. 사과와 셀러리는 상큼하게 잘 어울리는 페어링이니 다양하게 응용해보세요.

재료
사과 ½개, 셀러리 1줄기

민트 오일 드레싱

애플 사이더 비니거 1테이블스푼,
꿀 ½테이블스푼,
민트 오일(P. 25) 1테이블스푼,
EVOO ½테이블스푼,
소금·후추 약간

만드는 법
사과와 셀러리는 채썰거나 먹기 좋은 크기로 자르세요.

볼에 민트 오일 드레싱 재료를 넣고 섞어 드레싱을 만드세요.
사과와 셀러리를 드레싱과 잘 섞어 접시에 담아 완성하세요.

Skinny Tip 셀러리를 필러로 얇게 깎아 찬물에 담가두면 씹는 맛을 색다르게 즐길 수 있어요.

Strawberry Mint Caprese

딸기 민트 카프레제

딸기와 민트의 완벽한 궁합에 보코치니 치즈를 더해 더 맛있는 카프레제예요. 민트와 바질의 청량함에 피넛 캔디까지, 다채로운 맛을 한꺼번에 즐겨보세요.

재료

딸기 7-10알,
화이트 발사믹 비니거 1테이블스푼,
다진 민트 1테이블스푼,
바질 잎 3-4장,
보코치니 치즈 5개 또는 모차렐라 치즈 30-40g,
발사믹 리덕션 2티스푼

Optional 피넛 캔디 적당량

만드는 법

바질 잎은 다지고, 딸기는 반으로 자르세요.

큰 볼에 딸기와 화이트 발사믹 비니거, 다진 민트를 넣고 섞어 5분 정도 재워두세요.

재운 딸기와 보코치니 치즈를 접시에 담고,
다진 바질 잎과 발사믹 리덕션을 곁들여 완성하세요.

Skinny Tip 피넛 캔디를 넣으면 잘 어울려요. 팬에 꿀 2테이블스푼을 넣고 가열하다가 꿀의 농도가 연해지고 갈색이 돌면 땅콩 ¼컵을 더해 잘 섞어주세요. 꿀이 굳기 전에 소금과 설탕을 뿌려 잘 섞고 팬에서 덜어내 식혀주세요. 다 식으면 작은 크기로 떼어내세요.

Roasted Pears and Brussels Sprouts Salad

구운 배 샐러드

배를 구워 천연의 단맛을 한껏 살리고 더욱 부드럽게 만든 샐러드예요. 입에서 사르르 녹는 달콤한 배와 새콤한 레몬즙, 헤이즐넛이 잘 어우러져요.

재료
배 1개, 방울양배추 잎 1컵, 헤이즐넛 ¼컵,
발사믹 리덕션 2티스푼

레몬 타임 오일 드레싱

레몬즙 1½티스푼,
타임 오일(P. 23) 1½티스푼, 소금 약간

만드는 법

방울양배추는 잎을 하나씩 떼어내 끓는 소금물에 1-2분 데친 후 바로 차가운 물에 담갔다가 건져 물기를 빼세요.
큰 볼에 드레싱 재료를 넣고 섞은 뒤 방울양배추를 넣어 버무리세요.

마른 팬에 헤이즐넛을 넣고 중불에서 5분 정도 토스트하세요.

배는 껍질째 10-12등분 웨지로 자르세요.
기름을 두른 팬에 배를 올리고 한 면당 1-2분 정도 구워주세요.

방울양배추, 배, 헤이즐넛을 접시에 담고 발사믹 리덕션을 곁들여 완성하세요.

Skinny Tip 헤이즐넛은 160℃ 오븐에서 금빛이 돌 때까지 구운 뒤 식혀도 돼요.

Wine Poached Pear Salad

와인 배 샐러드

배를 와인, 바닐라 빈과 함께 익히면 더 달콤하고 부드럽게 즐길 수 있어요.
생강 피칸 캔디의 맛이 반전을 더해주어 밸런스가 잘 맞는 샐러드입니다.

재료

배 1개, 와인 포칭 리퀴드(레드 와인 또는 화이트 와인 ¼컵, 물 4-5컵,
꿀 4-6테이블스푼, 반으로 갈라 씨를 긁어낸 바닐라 빈 1개)
생강 피칸 캔디(피칸 또는 호두 40g, 설탕 2티스푼, 생강 분말 ¼티스푼, 소금 약간)

와인 바닐라 요거트

요거트 2테이블스푼, 레몬즙 1티스푼, 와인 포칭 리퀴드 2티스푼

만드는 법

배는 껍질을 벗기고 반으로 자르세요.

냄비에 와인 포칭 리퀴드 재료를 넣고 끓이세요. 끓기 시작하면 불을 줄이고
배를 넣어 10-15분 정도 익힌 뒤 건져내세요. 와인 포칭 리퀴드가 식으면 휘휘 저어
바닥에 가라앉은 바닐라 빈의 씨를 떠오르게 해주세요. 그 상태에서 2티스푼을 떠서 요거트,
레몬즙과 섞어 와인 바닐라 요거트를 완성하세요.

피칸은 찬물에 10분 정도 담가둔 뒤 물기를 빼고 생강 분말, 설탕과 잘 섞어 300℃ 오븐에서
10-15분 정도 구워주세요. 오븐에서 꺼내 설탕과 소금을 약간씩 뿌린 뒤 식히세요.

배를 먹기 좋은 크기로 잘라 접시에 담고 생강 피칸 캔디와 요거트를 곁들이세요.

Roasted Beet and Apple Salad

구운 비트와 사과, 사과칩 샐러드

구워서 더욱 부드러운 비트와 달콤하고 아삭한 사과가 만나 궁합이 완벽한 샐러드예요. 여기에 바삭한 사과 칩과 비트의 색깔을 그대로 담은 비트 요거트를 더해 미각과 시각이 모두 즐거워요.

재료
비트 ½-1알, 사과 1개, 돌나물 1컵, 올리브 오일·소금 약간

비트 요거트

비트즙 1테이블스푼, 요거트 2테이블스푼,
레몬즙 1½-2테이블스푼, 꿀 1티스푼, 소금 약간

만드는 법

비트에 올리브 오일을 약간 뿌려 버무리고 소금간은 넉넉히 한 뒤, 포일로 약간 헐렁하게 감싸되 끝은 빈틈없이 접으세요. 180℃ 오븐에서 50-55분 정도 구운 뒤 꺼내 식히고, 껍질을 벗겨 먹기 좋은 크기로 자르세요.

비트를 자르고 남은 자투리는 즙을 내세요. 여기에 요거트, 레몬즙, 꿀을 넣고 소금으로 간을 해 비트 요거트를 완성하세요.

사과 ⅓개는 얇게 슬라이스하고 나머지 사과 ⅔개는 먹기 좋은 크기로 자르세요.

오븐 팬에 유산지를 얹고 그 위에 슬라이스한 사과를 올려 80℃ 오븐에서 30-40분 정도 구워 사과칩을 만드세요.
자른 사과, 비트, 돌나물을 접시에 담고 비트 요거트와 사과칩을 곁들여 완성하세요.

Baked Apples and Fig Salad

구운 사과, 무화과 샐러드

사과와 무화과를 오븐에 구우면 더욱 달콤하게 즐길 수 있어요. 여기에 레드 와인, 알싸한 생강, 담백한 브리 치즈를 곁들이면 맛의 조화가 완벽합니다.

재료
사과 1개, 반건조 무화과 4개,
레드 와인 허니(레드 와인 2테이블스푼, 꿀 1½테이블스푼, 생강(간 것) 1티스푼, 레몬 제스트 1개분,
소금 1꼬집), 프리제 1컵, 브리 치즈 30-40g

레드 와인 발사믹 리덕션

레드 와인 허니 1테이블스푼, 발사믹 리덕션 1테이블스푼

만드는 법
사과와 무화과는 한입 크기로 자르세요.

볼에 레드 와인 허니 재료를 모두 넣고 자른 사과와 무화과를 넣어 잘 섞으세요.
오븐 팬에 얹어 250℃ 오븐에서 8-10분 정도 익혀주세요.

사과와 무화과를 꺼내고, 오븐 팬에 남아 있는 레드 와인 허니는
발사믹 리덕션과 섞어 레드 와인 발사믹 리덕션을 만드세요.

사과, 무화과, 프리제, 브리 치즈를 접시에 담고
레드 와인 발사믹 리덕션을 곁들여 완성하세요.

Waldorf Salad

사과, 배 샐러드와 레몬 호두

사과와 배가 제철인 가을에 즐기기 좋은 샐러드예요. 상큼하고 달콤한 레몬 호두 캔디와
블루 치즈가 너무나 잘 어울려요.

재료
사과 ½개, 배 ½개, 통치콘 1개, 엔다이브 1개,
블루 치즈 크럼블 1-2테이블스푼,
레몬 호두 캔디(호두 ½컵, 레몬즙 1-2티스푼, 설탕 1테이블스푼+1티스푼, 레몬 제스트 1개분)

사과 식초 레몬 오일 드레싱

애플 사이더 비니거 1테이블스푼,
발사믹 리덕션 1티스푼, 레몬 오일(P. 27) 1테이블스푼

만드는 법
작은 볼에 호두와 레몬즙을 넣고 5분간 불린 후, 흡수되지 않은 레몬즙은 따라내고
설탕 1테이블스푼을 더해 섞어주세요. 150℃ 오븐에서 20분 정도 구운 후
레몬 제스트, 설탕 1티스푼을 뿌리고 다시 오븐에서 3분 정도 구워
레몬 호두 캔디를 완성하세요.

사과와 배는 슬라이스하고, 통치콘과 엔다이브는 한 장씩 떼어내세요.

볼에 드레싱 재료를 넣고 잘 섞은 후
사과, 배, 통치콘, 엔다이브를 넣고 잘 섞어 접시에 담으세요.
블루 치즈 크럼블과 레몬 호두 캔디를 올려 완성하세요.

Summer Panzanella

수박 멜론 샐러드

과즙이 풍부하고 달콤한 수박과 멜론에 새콤한 비니거와 바질 특유의 향을 더했어요. 나른하고 지칠 때 더욱 맛있게 즐길 수 있는 여름 샐러드입니다.

재료

한입 크기로 자른 수박 및 멜론 1컵씩, 적양파 ¼개,
수박 피클(수박 속껍질 ¼컵, 화이트 발사믹 비니거 ½컵) 1테이블스푼,
통밀빵 슬라이스 1개, 페타 치즈 크럼블 1테이블스푼

Optional   채썬 바질 잎 3장

바질 오일 드레싱

화이트 발사믹 비니거 2테이블스푼, 바질 오일(P. 23) 1½테이블스푼, 소금 약간

만드는 법

수박의 하얀 속껍질을 작게 잘라주세요(약 ¼컵). 냄비에 비니거를 붓고 끓어오르면 수박 껍질에 부은 후 상온에서 식혀 수박 피클을 만드세요.

드레싱 재료를 잘 섞어두세요.
통밀빵은 기름을 살짝 두른 팬에 바삭하게 구운 뒤 한입 크기로 자르세요.
수박, 멜론, 통밀빵, 슬라이스한 양파, 수박 피클을 드레싱과 잘 섞은 후 접시에 담고 페타 치즈 크럼블을 곁들여 완성하세요.

Skinny Tip   부드러운 빵보다는 단단하고 쫄깃한 바게트나 사워도우빵이 눅눅해지지 않아 좋아요.

Roasted Bell Pepper and Tomato Salad

구운 파프리카 토마토 샐러드

파프리카와 토마토는 오븐에 굽는 것만으로도 특별해지는 채소예요. 특히 구운 토마토를
갈아 만든 드레싱은 토마토의 진하고 상큼한 맛을 더욱 강하게 느끼게 해줘요.

재료

송이토마토 1-2송이(약 11알), 타임 또는 로즈마리 약간,
미니파프리카 4-5개, 소렐 1컵, 레몬 제스트 1개분, 올리브 오일 약간

구운 토마토 드레싱

구운 송이토마토 중 4알, 레몬즙 1½테이블스푼,
바질 오일(P. 23) 1½테이블스푼, 소금·후추 약간

만드는 법

송이토마토에 올리브 오일을 약간 뿌리고 타임이나 로즈마리 등의 허브를 더해 줄기째
250℃ 오븐에서 5-10분 구우세요. 이 중 4알은 껍질을 벗기고 곱게 갈아
나머지 드레싱 재료와 섞어 드레싱을 만드세요.

파프리카는 반으로 갈라 꼭지와 씨를 제거하고, 올리브 오일에 살짝 버무려
250℃ 오븐에서 껍질이 살짝 검게 그을리고 부풀 때까지 30분 이상 구워주세요.
오븐에서 꺼내 키친타월로 감싸 한 김 식히고 먹기 좋은 크기로 자르세요.

토마토, 파프리카, 소렐을 접시에 담고 레몬 제스트를 뿌리고 드레싱을 곁들여 완성하세요.

Skinny Tip 소렐은 새콤한 맛의 잎채소예요.
다른 잎채소나 베이비채소를 레몬즙에 버무려 대체 가능해요.

Pickled Tomato Salad with Chickpeas

토마토 피클과 병아리콩 샐러드

토마토를 피클로 만들면 더욱 맛있게 즐길 수 있어요. 새콤달콤한 토마토 피클에 담백한
병아리콩이 더해져 맛과 영양 밸런스 둘 다 잡았어요.

재료
토마토 피클(토마토 1개, 현미 식초 1컵, 물 ⅓컵, 설탕 ⅓컵, 피클링 스파이스 2티스푼),
익힌 병아리콩 ½컵, 오이 ½개, 양파 ½개, 방울토마토 4-5개, 베이비채소 2컵

타임 로즈마리 드레싱

타임 화이트 와인 비니거(P. 33) 1테이블스푼, 레몬즙 1테이블스푼,
다진 마늘 ½티스푼, 홀그레인 머스터드 ¼티스푼,
로즈마리 오일(P. 23) 2테이블스푼, EVOO 1테이블스푼, 소금·후추 약간

만드는 법
병아리콩은 8시간에서 하룻밤 정도 찬물에 불린 뒤 건져 냄비에 넣고, 콩이 잠길 정도의 물을
붓고 끓이다가 끓어오르면 중약불로 줄여 1시간-1시간 반 정도 익히세요.

토마토는 5mm 두께로, 오이·양파·방울토마토는 얇게 슬라이스하세요.
드레싱 재료는 전부 섞어두세요.

냄비에 식초, 물, 설탕, 피클링 스파이스를 넣고 가열하다가 끓어오르면 슬라이스한 토마토에
부어 10분간 상온에 두고, 냉장고에 넣어 차게 식혀 피클을 만드세요.

토마토 피클, 병아리콩, 오이, 양파, 방울토마토, 베이비채소를 접시에 담고
드레싱을 곁들여 완성하세요.

Summer Veggie Salad
with Candied Pumpkin Seed

여름 채소 샐러드

호박과 가지, 오이는 여름이 제철이에요. 제철 채소의 청량한 맛과 영양을 생것 그대로
신선하게 즐겨보세요. 호박씨 캔디는 달콤함과 씹는 재미를 더해요.

재료

애호박 ½개, 가지 ½개, 주키니 ¼개,
오이 ½개, 방울토마토 4-5개,
호박씨 캔디(호박씨 ⅓컵, 꿀 1테이블스푼, 소금 약간)

타임 비니거 드레싱

타임 화이트 비니거(P. 33) 1테이블스푼,
다진 샬롯 1티스푼,
디종 머스터드 ½티스푼,
타임 오일(P. 23) 2테이블스푼, 소금·후추 약간

만드는 법

작은 볼에 드레싱 재료를 잘 섞어 드레싱을 만드세요.

팬에 꿀을 넣고 가열하다가 꿀의 농도가 연해지고 갈색이 돌면 호박씨를 넣고 빠르게
저어주세요. 꿀이 굳기 전에 소금 간을 하고 팬에서 덜어내 찬 곳에 펼쳐 식히세요.
완전히 식으면 작게 떼어내세요.

애호박, 가지, 주키니, 오이, 방울토마토는 얇게 슬라이스하세요.
슬라이스한 여름 채소들과 호박씨 캔디를 접시에 담고 드레싱을 곁들여 완성하세요.

Roasted Persimmon and Beet Salad

구운 단감 비트 샐러드

단감과 비트는 과육이 단단한 재료 중 하나인데요. 오븐에 구우면 훨씬 달콤하고
부드러워져요. 화사한 색감의 샐러드를 맛있고 부드럽게 즐겨보세요.

재료

단감 1개, 비트 1개, 다진 피스타치오 1테이블스푼,
발사믹 리덕션 1테이블스푼, 올리브 오일·소금 약간

레몬 드레싱

레몬즙 1테이블스푼, 레몬 제스트 1개분,
EVOO 1테이블스푼, 소금·후추 약간

만드는 법

단감은 꼭지를 제거하고 웨지로 6-8등분하여 올리브 오일에 버무리고 소금 간을 하세요.

비트에 올리브 오일을 약간 뿌려 버무리고 소금 간은 넉넉히 한 뒤
포일로 약간 헐렁하게 감싸되 끝은 빈틈없이 접으세요.

단감과 비트를 180℃ 오븐에서 15분 정도 익힌 후,
감은 꺼내 한 김 식히고 비트는 크기에 따라 30분 정도 더 익혀주세요.

큰 볼에 드레싱 재료를 넣고 잘 섞은 후 소금 후추로 간하세요.
비트의 껍질을 벗기고 한입 크기로 자른 뒤 단감과 함께 드레싱에 버무려
접시에 담으세요. 피스타치오, 발사믹 리덕션을 곁들여 완성하세요.

Winter Citrus Salad

겨울 시트러스 샐러드

겨울이 제철인 감귤류 과일을 즐길 수 있는 샐러드예요. 귤, 오렌지, 자몽, 레몬, 라임 등 서로 다른 과즙의 맛과 향이 어우러져 조화를 이루는 상큼한 한 그릇 샐러드를 만들어보세요.

재료
귤 1개, 자몽 ½개, 오렌지 ½개, 레몬 1조각,
라임 1조각, 엔다이브 또는 통치콘 1개

Optional 고르곤졸라 치즈 또는 블루 치즈 20-30g, 다진 피스타치오 적당량

시트러스 민트 요거트

자몽즙 ½테이블스푼, 오렌지즙 ½테이블스푼, 레몬즙 ½티스푼, 라임즙 ½티스푼,
요거트 3테이블스푼, 다진 민트 2티스푼, 꿀 ½티스푼

만드는 법
귤, 자몽, 오렌지는 겉껍질을 벗기고 알맹이를 떼어내세요.
레몬과 라임은 알맹이 1조각을 3등분하세요.
엔다이브는 먹기 좋은 크기로 자르세요.

큰 볼에 시트러스 민트 요거트 재료를 넣고 잘 섞으세요.
귤, 자몽, 오렌지, 엔다이브를 시트러스 민트 요거트와 잘 섞어 접시에 담으세요.
레몬과 라임을 곁들여 완성하세요.

Skinny Tip 고르곤졸라 치즈와 블루 치즈는 단맛이 나는 과일과 잘 어울려요.
감귤류 과일들은 속껍질까지 벗기면 더욱 맛있지만 번거로우면 생략해도 상관없어요.

low - calorie salads

○ PART 6 ○

특별한 날, 스타일리시하게 즐기는 저칼로리 샐러드

해산물은 건강한 단백질과 불포화지방이 풍부해, 맛있고 건강한 다이어트 식단에 꼭 필요한 재료예요. 샐러드에 활용할 수 있는 여러 종류의 해산물을 새로운 조리법으로 더욱 건강하게 즐겨보세요. 스키니 셰프의 특별한 레시피만 있으면 특별한 사람에게 내놓는 음식을 더 맛있게, 더 멋있게 만들 수 있어요.

Walu with Yuzu Soy Sauce

흰 살 생선 세비체와 유자 간장 드레싱

세비체(Ceviche)는 해산물을 날것 그대로 비니거나 시트러스에 마리네이드한 음식으로, 신선한 해산물과 채소의 조화에 새콤한 시트러스가 더해져 식욕을 돋우는 에피타이저예요. 회를 쉽고 간단한 방법으로, 새롭게 즐겨보세요.

재료

흰 살 생선회 6피스, 잘게 자른 오이 1테이블스푼,
작게 자른 고추 ½티스푼, 작게 자른 양파 ½티스푼, 칠리 파우더 반 꼬집

Optional 아보카도 ⅛-¼개

유자 간장 드레싱

간장 ½티스푼, 유자즙 또는 유자 엑기스 1티스푼

Optional 레몬 오일(P. 27) 1티스푼

만드는 법

볼에 간장과 유자즙을 넣고 잘 섞은 후 회를 넣고 1분 정도 마리네이드하세요.

회를 접시에 담고 오이, 고추, 양파를 올려주세요.
회 위에 칠리 파우더를 뿌리세요.

Skinny Tip 고소한 맛이 가득한 참치 뱃살을 사용해보세요.
아보카도는 해산물의 비린 맛을 잡아주는 좋은 페어링이에요.

Prawn Ceviche with Lime Soy Sauce

라임 간장 새우

세비체는 남미의 음식이지만, 우리나라 전통 양념인 간장을 이용해도 만들 수 있어요. 라임과 간장에 마리네이드한 새우에 고수의 맛과 향이 더해져 더욱 맛있어요.

재료
생새우 4마리, 슬라이스한 양파 1테이블스푼,
슬라이스한 오이 8피스,
슬라이스한 골드 키위 4-8피스

Optional 레몬 오일(P. 27) 1티스푼

라임 간장 드레싱

라임즙 2테이블스푼, 간장 ½티스푼, 다진 파 1테이블스푼,
고춧가루 1꼬집, 다진 고수 1티스푼

만드는 법
새우는 껍질과 내장을 제거하고 끓는 소금물에 10초 정도 데친 후
바로 찬물에 넣어 식히고 반으로 가르세요.

볼에 드레싱 재료를 넣고 잘 섞은 뒤, 데친 새우를 넣고 드레싱에 1분 정도 재우세요.
여기에 양파와 오이를 넣고 잘 섞은 후 접시에 담고, 키위를 올리세요.

Skinny Tip 키위는 망고, 파인애플, 멜론, 참외, 파파야 등 단맛이 나는 과일로 대체할 수 있어요.

Scallop Ceviche with Lime Mango

가리비 관자와 라임 망고

세비체에는 주로 시트러스류의 과일즙을 사용하기 때문에, 달콤한 과일이 좋은 페어링이에요.
오렌지와 망고를 써서 상큼함과 달콤함이 잘 조화되는 세비체를 만들어보세요.

재료
가리비 관자 6개,
오렌지즙 1테이블스푼

라임 망고

망고 ½개, 라임즙 1티스푼,
다진 고수 1티스푼,
생강즙 ¼티스푼,
칠리 파우더 한 꼬집,
소금·후추 약간

만드는 법
망고는 잘게 다지세요.
볼에 망고를 제외한 드레싱 재료를 넣고 잘 섞은 후
다진 망고를 넣고 섞어 라임 망고를 완성하세요.

관자는 깨끗이 손질한 후 작은 볼에 넣고 오렌지즙을 뿌려 골고루 묻히듯이 섞어주세요.

관자를 접시에 담고 라임 망고를 곁들여 완성하세요.

Skinny Tip 얇게 슬라이스한 키조개 관자를 써도 좋아요.

Tuna Ceviche with Lime Yogurt

참치 세비체와 라임 요거트

참치회를 색다르게 즐길 수 있는 방법을 소개할게요. 달콤하고 상큼한
요거트와 고소한 참치회가 잘 조화된, 정말 매력적인 세비체입니다.

재료
참치회 6피스, 라임즙 1티스푼, 라임 오일(P. 27) 1티스푼,
아보카도 ¼개, 멜론 ⅛통

Optional 멜론즙 1티스푼

라임 요거트

요거트 1½테이블스푼, 라임 제스트 1개분, 화이트 발사믹 비니거 1티스푼

만드는 법
작은 볼에 요거트, 라임 제스트, 화이트 발사믹 비니거를 넣고 잘 섞어
라임 요거트를 완성하세요.

볼에 참치회, 라임즙, 라임 오일을 넣고 잘 재워두세요.

아보카도와 멜론은 먹기 좋은 크기로 자르세요.

접시에 참치 세비체, 자른 아보카도와 멜론을 올리고 라임 요거트를 곁들여 완성하세요.

Skinny Tip 멜론즙을 라임즙, 라임 오일과 함께 참치회를 재우는 데 써보세요.
맛의 조화가 더 살아나요.

Baby Cuttlefish Ceviche

베이비 갑오징어 세비체와 레몬 민트 드레싱

쫄깃한 갑오징어와 아삭한 셀러리, 달콤한 파인애플이 맛있게 어우러지는 세비체예요.
알싸한 민트가 신선함을 더해요.

재료

베이비 갑오징어 4-5마리,
슬라이스하거나 스몰 다이스로 자른 셀러리 ⅓컵,
스몰 다이스로 자른 파인애플 1-2테이블스푼

Optional 슬라이스한 래디시

레몬 민트 드레싱

레몬즙 1테이블스푼,
EVOO 1테이블스푼,
다진 민트 1티스푼

만드는 법

베이비 갑오징어는 깨끗이 손질하여 끓는 물에 10-15초 정도 데친 후 찬물에 식혀주세요.

볼에 레몬즙, EVOO, 다진 민트를 넣고 잘 섞어 레몬 민트 드레싱을 만드세요.

갑오징어를 건져 드레싱에 잘 버무린 뒤
셀러리, 파인애플과 함께 접시에 담아 완성하세요.

Smoked Salmon with Apple Butter, Lemon Chive Yogurt

훈제 연어와 애플 버터, 레몬 차이브 요거트

훈제 연어 특유의 맛을 잘 살려주는 레몬 요거트와 애플 버터를 써보세요.
차이브가 맛의 밸런스를 잡아주어 더욱 깔끔하게 즐길 수 있어요.

재료
훈제 연어 슬라이스 6피스, 통밀빵 슬라이스 2-3개,
애플 버터(사과 1개, 화이트 와인 2-3테이블스푼) ⅓컵

레몬 차이브 요거트

요거트 4테이블스푼, 레몬 제스트 1개분,
다진 차이브 또는 실파 2티스푼

만드는 법
기름을 두른 팬에 통밀빵을 올리고 바삭하게 구워 식힌 후 한입 크기로 자르세요.

사과는 미디엄 다이스로 자르세요. 냄비에 화이트 와인, 사과를 넣고
약불에서 10분 정도 익혀주세요. 와인이 다 날아가면 물을 조금씩 더해가며
사과가 부드럽게 으깨질 정도로 익히세요.

사과를 블렌더로 곱게 간 후, 다시 약불에서 타지 않게 계속 저어주며
수분이 거의 다 날아갈 때까지 10-15분 정도 익히세요.

볼에 요거트, 레몬 제스트, 다진 차이브를 넣고 잘 섞어 레몬 차이브 요거트를 만드세요.

통밀빵 위에 애플 버터를 바르고 레몬 차이브 요거트와 연어를 얹어 완성하세요.

Tuna Ceviche
with Toasted Sesame Seed Oil

간장 참치 세비체

특유의 향이 매력적인 참기름과 간장으로 '한국식 세비체'를 만들어보세요. 미네랄이 풍부한 버섯을 더해 맛과 영양을 모두 잡았어요.

재료

참치 등살 100g, 백만송이버섯 1송이,
슬라이스한 적양파 ¼컵,
슬라이스한 오이 6피스, 소금·후추 약간

Optional 래디시 1알, 아보카도 ¼개

간장 참기름 드레싱

간장 1티스푼, 레몬즙 ½티스푼,
참기름 ½티스푼

만드는 법

기름을 두른 팬에 백만송이버섯을 넣고 소금 후추로 간하여 살짝 볶은 후,
키친타월에 얹어 기름을 빼고 식히세요.

참치는 미디엄 다이스로 썰어주세요.

큰 볼에 드레싱 재료를 넣고 잘 섞으세요.
여기에 버섯, 양파, 오이, 참치를 넣고 잘 버무려 접시에 담으세요.

Skinny Tip 회덮밥용 참치 살을 사서 쓰면 편해요.

Halibut Ceviche in Pomegranate Juice

광어 세비체와 석류 라임 드레싱

지방 함량이 낮고 담백한 맛을 가진 광어를 석류 라임 드레싱과 함께 즐겨보세요.
선명한 색감의 석류즙이 보는 즐거움까지 선사해요.

재료
광어회 6피스, 적양파 ⅛-¼개,
슬라이스한 참외 7-8피스, 다진 고수 ½티스푼

Optional   석류 알갱이 1테이블스푼

석류 라임 드레싱

석류즙 1테이블스푼,
라임즙 ½테이블스푼, EVOO 1티스푼,
민트 오일(P. 23) 1티스푼

만드는 법
볼에 석류즙, 라임즙, EVOO, 민트 오일을 넣고 잘 섞은 후
광어를 넣어 마리네이드하세요.

적양파는 얇게 슬라이스하세요.

광어와 적양파를 접시에 담고 참외와 고수를 곁들이세요.

Skinny Tip   참외는 파파야나 멜론으로 바꿔도 좋아요.

Seafood Salad

해산물 샐러드

다양한 해산물을 와인, 허브와 함께 익혀 부드럽고 깔끔한 맛을 살린 샐러드예요.
드레싱을 만들 때 육수를 이용하여 칼로리까지 낮췄어요.

재료

조개·홍합·새우·오징어 등 해산물 1인분(약 250g), 화이트 와인 ½컵,
라임즙 1테이블스푼, 물 ½컵, 다진 마늘 1티스푼, 다진 파슬리 1티스푼,
토마토 1개, 양파 ¼개, 치커리 또는 베이비채소 1컵, 페타 치즈 크럼블 2테이블스푼

스키니 드레싱 - 라임 육수 드레싱

라임즙 1½테이블스푼, 육수 1테이블스푼, EVOO 1테이블스푼, 소금·후추 약간

만드는 법

해산물은 잘 손질하여 씻고 크기가 큰 재료는 한입 크기로 자르세요.

팬에 화이트 와인, 라임즙, 물, 마늘, 파슬리를 넣고 가열해 끓어오르면 약불로 줄인 뒤
조개와 홍합을 넣고 뚜껑을 닫아 2분 익히세요. 오징어와 새우를 넣고 뚜껑을 닫은 뒤
다시 5-7분 익히세요. 다 익은 해산물은 차게 식히세요. 팬에 남은 육수는 약불에서
1-2분 졸인 뒤 식혀 나머지 드레싱 재료와 섞어 드레싱을 만드세요.

토마토와 양파는 먹기 좋은 크기로 잘라 해산물, 치커리와 함께 접시에 담으세요.
페타 치즈 크럼블을 올리고 드레싱을 곁들여 완성하세요.

Skinny Tip 손질된 해산물을 구입하면 준비 과정을 줄일 수 있어요.
이것들은 끓는 소금물에 10-30초 정도 데치면 돼요.

Braised Leek with Scallops in Shells

가리비 대파 샐러드

대파도 훌륭한 샐러드 재료가 될 수 있어요. 와인과 육수에 익힌 부드럽고 풍미 가득한 대파와 가리비를 함께 즐겨보세요.

재료
가리비 4개, 대파 2-3대, 화이트 와인 ¼컵, 소금·후추 약간

Optional 딜, 파슬리 등 다진 허브 1티스푼

스키니 드레싱 - 레몬 비니거 육수 드레싱

화이트 와인 또는 샴페인 비니거 ½테이블스푼, 레몬즙 1테이블스푼,
가리비 육수 1테이블스푼, EVOO ½테이블스푼, 다진 샬롯 1티스푼, 소금·후추 약간

만드는 법
가리비는 200℃ 오븐에서 입을 벌릴 때까지 8-10분 정도 익히세요.
한 김 식으면 내장을 제거하세요.

가리비를 익히며 나온 육수 1테이블스푼을 나머지 드레싱 재료와 섞어
레몬 비니거 육수 드레싱을 만드세요.

나머지 육수는 대파를 익히는 데 이용하세요. 팬에 한입 크기로 자른 대파와 육수, 와인을 넣고 소금 후추로 간한 뒤 뚜껑을 닫고 끓이세요. 끓어오르면 약불로 낮추고 대파가 부드러워질 때까지 5-10분 정도 보글보글 익혀주세요.

대파와 가리비를 접시에 담고 드레싱을 곁들이세요.

Shrimp Garlic Chip Salad

새우 마늘칩 샐러드

고추냉이 드레싱과 새우의 조화로운 맛에, 마늘 칩이 바삭한 느낌까지 더해주는 샐러드예요.
마늘 칩은 튀기지 않고 오븐에 구워 칼로리와 기름의 양은 적지만 마치 튀긴 듯이 맛있어요.

재료

생새우 8-10마리, 마늘 3-4개, 양파 ¼개,
베이비채소 1½컵, 다진 고수 1테이블스푼, 다진 실파 ½테이블스푼, 올리브 오일 약간

유자 고추냉이 드레싱

유자 엑기스 1테이블스푼, 현미 식초 ½테이블스푼, 간장 ½테이블스푼,
고추냉이 ⅓티스푼, 디종 머스터드 ¼티스푼,
포도씨유 2테이블스푼, 참기름 1티스푼, 소금·후추 약간

만드는 법

양파와 마늘은 얇게 슬라이스하세요. 이 중 마늘은 올리브 오일에 버무린 후 110℃ 오븐에서
노릇하고 바삭해질 때까지 10분 정도 구워 마늘칩을 만드세요.

새우는 껍질과 내장을 제거하고 끓는 물에 1-2분 정도 데친 후 건져 찬물에 식혀주세요.

드레싱 재료를 블렌더에 갈아 드레싱을 만드세요.
드레싱을 볼에 붓고 베이비채소, 새우, 슬라이스한 양파를 넣어 버무리세요.
버무린 채소들과 새우를 접시에 담고 마늘칩, 고수, 실파를 얹어 완성하세요.

Skinny Tip 쌉쌀한 맛을 가진 라디키오는 달콤한 유자 고추냉이 드레싱과 잘 어울려요.
2장 정도 곁들여보세요.

Salad of Crab Meat and Avocado

아보카도 대게 샐러드

바다의 풍미가 가득한 대게를 아보카도, 살사와 함께 산뜻하게 즐길 수 있는 샐러드예요.
라임 허니 요거트는 상큼함과 달콤함을 더해요.

재료

대게 살 70-80g(대게 ½마리 분량), 아보카도 ½개

토마토 살사

다진 토마토 ½컵, 라임즙 ½테이블스푼,
다진 양파 1테이블스푼, 다진 고수 1티스푼, 다진 마늘 ½티스푼,
다진 청고추 1티스푼, 소금·후추 약간

라임 허니 요거트

요거트 3테이블스푼, 라임 제스트 1개분, 꿀 ½티스푼

만드는 법

볼에 토마토 살사 재료를 넣고 잘 섞어두세요.
라임 허니 요거트 재료도 따로 잘 섞어두세요.

대게 살과 아보카도는 먹기 좋은 크기로 잘라 토마토 살사와 함께 접시에 담고
요거트를 곁들여 완성하세요.

Skinny Tuna Salad

스키니 참치 샐러드

마요네즈 대신 요거트로 양념한 참치와 깔끔한 심플 레몬 드레싱은 느끼하지 않고 상큼해요.
든든히 먹고 난 후에도 가볍고 날씬한 기분이 드는 샐러드예요.

재료

캔참치 100g, 다진 셀러리 1½테이블스푼, 다진 파 1½테이블스푼,
요거트 1테이블스푼, 레몬즙 2티스푼, 화이트 와인 비니거 ½티스푼,
소금·후추 약간, 삶은 메추리알 3개, 올리브 6개, 양파 ⅓개, 버터헤드레터스 1통

Optional 방울토마토 4-6개

심플 레몬 드레싱

레몬즙 1½테이블스푼, EVOO 2테이블스푼, 소금·후추 약간

만드는 법

참치는 체에 받쳐 따뜻한 물을 끼얹어 기름을 씻어내고 물기를 꽉 짠 후 큰 볼에 담으세요.
여기에 셀러리, 파, 요거트, 레몬즙, 비니거를 넣고 섞은 후 소금 후추로 간하세요.

드레싱 재료는 작은 볼에 잘 섞어주세요.

버터헤드레터스는 먹기 좋은 크기로 뜯고 메추리알, 올리브, 양파는 먹기 좋은 크기로 잘라
참치와 함께 접시에 담으세요. 드레싱을 곁들여 완성하세요.

Skinny Tip 라이트 튜나를 쓰면 기름을 씻는 과정을 생략할 수 있어요.
마트의 수입 식품 코너에서 구입하세요.

Poached Baby Octopus Salad

주꾸미 샐러드

주꾸미 육수에 익힌 콩으로 맛뿐 아니라 몸에 좋은 단백질까지 챙길 수 있는
똑똑한 샐러드예요. 육수를 더해 맛이 더욱 진하고 풍부한 드레싱도 함께 즐겨보세요.

재료

주꾸미 4-5마리, 물 6컵, 화이트 와인 또는 레드 와인 ½컵,
레드 와인 비니거 1테이블스푼, 통후추 5알, 월계수잎 1개,
각종 채소 ⅔컵 또는 채소 육수 ½컵, 익힌 콩 ½컵, 통밀빵 슬라이스 ½개, 프리제 1½컵

스키니 드레싱 – 레드 와인 비니거 육수 드레싱

주꾸미 육수 1테이블스푼, 레드 와인 비니거 1테이블스푼, EVOO 1테이블스푼

만드는 법

냄비에 주꾸미, 물, 와인, 비니거, 통후추, 월계수잎, 각종 채소를 넣고
팔팔 끓지 않게 유지하며 약불에서 20분간 익힌 후 주꾸미를 건져내 식히세요.
주꾸미를 익히고 남은 물 ½컵을 덜어 팬에 넣고 중약불에서 반이 되게 졸이세요.
1테이블스푼을 덜어 나머지 드레싱 재료와 섞어 드레싱을 만들고,
나머지는 익힌 콩을 넣고 5-7분 정도 졸이세요.

팬에 기름을 두르고 통밀빵을 바삭하게 구운 후 접시에 담고 프리제, 주꾸미, 콩을 올리세요.
드레싱을 곁들여 완성하세요.

Skinny Tip 병아리콩과 렌틸콩을 익히는 레시피는 87쪽을,
강낭콩을 익히는 레시피는 95쪽을 참고하세요.

Shrimp Salad with Spicy Yogurt

스파이시 요거트 새우 샐러드

마요네즈 대신 요거트를 이용해 칼로리는 줄이고 상큼한 맛을 더했어요. 식욕을 자극하는 매콤한 스리라차 소스와 할라피뇨, 요거트가 새우와 조화롭게 어우러지는 샐러드예요.

재료

생새우 10마리, 방울토마토 8개, 당근 ⅓개,
할라피뇨 1개, 치커리 2컵

스파이시 요거트

요거트 4테이블스푼,
스리라차 소스 ½테이블스푼,
레몬즙 2티스푼,
다진 마늘 ½티스푼, 소금·후추 약간

Optional 꿀 1티스푼, 디종 머스터드 ½티스푼

만드는 법

새우는 깨끗이 손질하여 끓는 소금물에 2분 정도 익힌 후 찬물에 바로 식혀주세요.

볼에 스파이시 요거트 재료를 넣고 잘 섞어주세요.

방울토마토, 당근, 할라피뇨, 치커리는 먹기 좋은 크기로 자른 후
익힌 새우와 함께 접시에 담으세요.
스파이시 요거트를 곁들여 완성하세요.

Sea Scallops with Brussels Sprouts

관자 구이 샐러드

캐러멜라이즈한 양파의 달콤한 맛에 새콤한 라임즙을 더해 맛의 밸런스를 맞춘 드레싱이 특징이에요. 담백한 관자, 방울양배추와 함께 즐겨보세요.

재료
키조개 관자 4-5개, 방울양배추 6개, 베이비채소 1컵, 소금·후추 약간

Optional 고수 잎 ⅓컵

라임 양파 드레싱

양파 30g, 토마토 페이스트 1티스푼, 우유 ½컵, 페퍼론치노 ½개,
라임즙 1-2테이블스푼, 소금·후추 약간

만드는 법

방울양배추는 반으로 갈라 기름을 두른 팬에 넣고, 소금 후추로 간하여 3-5분 정도 구우세요.

조개 관자는 페이퍼타워에 올려 물기를 빼고 소금 후추로 밑간을 하세요. 팬에 기름을 살짝 두르고 달군 후 관자를 올려 한 면당 2-3분 정도 구워 한 김 식혀주세요.

관자를 구운 팬에 슬라이스한 양파를 넣고 중약불에서 15분 정도 갈색이 날 때까지 캐러멜라이즈하고 토마토 페이스트를 넣어 1-2분 더 볶으세요.
여기에 우유와 페퍼론치노를 넣고 10분 정도 약하게 끓여 졸인 뒤, 블렌더로 곱게 갈아주세요.
한 김 식힌 뒤 라임즙과 소금 후추를 더해 라임 양파 드레싱을 완성하세요.

방울양배추, 관자, 베이비채소, 드레싱을 접시에 담아 완성하세요.

Seared Tuna with Zucchini Noodle

구운 참치와 호박면 샐러드

참깨 크러스트로 겉은 바삭하고 속은 부드러운 참치가 인상적인 샐러드예요.
드레싱은 참기름과 간장을 사용해 고소하고 짭짤해요.

재료

참치 몸통살 100g, 참깨·검은깨 적당량, 애호박 ½개, 당근 ⅓개, 오이 ⅓개, 소금·후추 약간

Optional 아보카도 ½개

발사믹 비니거 간장 드레싱

간장 1테이블스푼, 발사믹 비니거 1½테이블스푼, 꿀 2티스푼, 생강(간 것) ⅓티스푼,
다진 파 1테이블스푼, 카놀라유 2티스푼, 참기름 2티스푼, 소금·후추 약간

만드는 법

참치는 소금 후추로 간을 하고 참깨와 검은깨를 겉면에 골고루 묻히세요.
팬에 기름을 두르고 참치를 올려 한 면당 50초 정도 익히세요.
한 김 식힌 뒤 적당한 두께로 슬라이스하세요.

작은 볼에 드레싱 재료를 모두 넣고 섞어주세요.

호박과 당근은 가늘고 길게 채썰고, 오이는 작게 자르세요.
접시에 채썬 호박과 당근을 담고 참치를 올린 뒤, 오이와 드레싱을 곁들여 완성하세요.

Skinny Tip 회전채칼을 이용하면 호박면을 손쉽게 만들 수 있어요.

Steamed Lobster, Grapefruit and Hazelnut Crumble

스팀 랍스터와 자몽, 헤이즐넛 크럼블

헤이즐넛의 고소한 맛과 향을 담은 크럼블과 상큼한 자몽 드레싱이 랍스터와 잘 어울리는 샐러드예요. 랍스터의 맛과 향을 더욱 풍성하게 느껴보세요.

재료
랍스터 ½마리, 헤이즐넛 크럼블(헤이즐넛 ½컵, 통밀빵가루 ½컵,
헤이즐넛 오일 또는 카놀라유 1½티스푼, 소금 ⅓티스푼), 자몽 1½개, 소렐 ⅓컵

자몽 드레싱

자몽즙 2테이블스푼, 자몽 제스트 2개분,
화이트 발사믹 비니거 1-2테이블스푼, EVOO 1티스푼, 소금 약간

만드는 법
찜기에 랍스터를 넣고 크기에 따라 10-20분 정도 찐 뒤, 상온에서 식혀 껍질을 벗기세요.

마른 팬에 헤이즐넛을 넣고 중불에 5분 정도 토스트한 뒤 식으면 블렌더에 굵게 다지세요.
팬에 기름을 두르고 통밀빵가루를 넣은 뒤 중불에서 5-7분 정도 볶고 키친타월에 올려
기름을 빼세요. 헤이즐넛, 빵가루, 헤이즐넛 오일, 소금을 잘 섞어 헤이즐넛 크럼블을 만드세요.

드레싱 재료를 블렌더에 갈아주세요.
자몽은 겉껍질을 벗기고 알맹이를 떼어내세요.

랍스터, 자몽, 헤이즐넛 크럼블을 접시에 담고 드레싱과 소렐을 곁들여 완성하세요.

Skinny Tip 랍스터는 중간 크기(700-800g)가 육질이 부드럽고 맛도 좋아요. 14-15분 찌세요.

Poached Mackerel with Citrus Crumble

포치한 삼치와 시트러스 크럼블

포치는 낮은 온도의 물에서 부드럽고 촉촉하게 익히는 것을 말해요. 구이로 즐기던 삼치를 좀 더 가볍고 색다르게 즐겨보세요. 시트러스 크럼블의 상큼한 맛과 바삭바삭한 느낌까지 더했어요.

재료

삼치 필레 1인분, 오렌지 ½개, 베이비채소 1컵,
포치 재료(물 4컵, 야채 ⅔컵, 마늘 2쪽, 화이트 와인 ⅔컵, 화이트 와인 비니거 3테이블스푼, 월계수잎 1개, 파슬리 줄기 3개, 드라이 타임 1티스푼, 통후추 5개, 소금 1테이블스푼),
시트러스 크럼블(통밀빵가루 ½컵, 오렌지 제스트 1개분, 레몬 제스트 1개분, 소금 약간)

레몬 오렌지 드레싱

레몬즙 1테이블스푼, 오렌지즙 1테이블스푼, EVOO 1½테이블스푼

만드는 법

냄비에 포치 재료를 넣고 끓어오르면 중약불에서 보글보글 30분 끓여주세요.
약불로 낮추고 삼치 필레를 넣어 15-20분 정도,
삼치 살이 하얗고 불투명해질 때까지 익힌 후 한 김 식히세요.

기름을 두른 팬에 통밀빵가루를 넣어 노릇하게 볶고 한 김 식히세요.
오렌지 제스트와 레몬 제스트는 키친타월로 감싸 물기를 빼고 통밀빵가루와 잘 섞은 다음
소금으로 간하여 시트러스 크럼블을 만드세요.

삼치, 시트러스 크럼블, 한입 크기로 자른 오렌지,
베이비채소를 접시에 담고 드레싱을 곁들여 완성하세요.

Lobster Salad with Ginger Peach Dressing

망고 랍스터 샐러드

달콤한 과일과 함께 랍스터를 즐길 수 있는 샐러드예요. 해산물과 잘 어울리는 아보카도,
알싸한 생강을 넣은 진저 피치 드레싱도 함께 즐겨보세요.

재료
랍스터 ½마리, 망고 ½개, 아보카도 ½개,
다진 차이브 또는 실파 1테이블스푼, 피칸 5-6알, 돌나물 1½컵

진저 피치 드레싱

복숭아 ½개, 다진 생강 1티스푼, 꿀 ½-1테이블스푼, 현미 식초 1½테이블스푼

만드는 법

랍스터는 집게와 몸통을 분리하고, 꼬리를 떼어 내장을 제거하세요. 냄비에 소금물을 끓이다가
끓어오르면 큰 집게는 7분, 작은 집게는 5분, 꼬리는 3분 30초 동안 뚜껑을 닫고 익힌 후
상온에서 식혀주세요. 익힌 랍스터의 껍질을 벗기고 먹기 좋은 크기로 썰어주세요.

아보카도와 망고는 한입 크기로, 복숭아는 일정한 크기로 작게 자르세요.

팬에 기름을 두르고 다진 생강을 살짝 볶다가, 자른 복숭아와 꿀을 넣고 10분 정도 익혀주세요.
복숭아의 수분이 다 날아가면 블렌더에 곱게 갈아 차게 식히고
현미 식초를 섞어 진저 피치 드레싱을 만드세요.

돌나물을 드레싱에 버무려 아보카도와 망고, 랍스터와 함께 접시에 올린 뒤
피칸을 곁들이고 차이브를 올려 완성하세요.

○ PART 7 ○

세상에서 가장 건강한 파스타, 리소토, 그리고 스테이크

고칼로리의 자극적인 음식을 잊게 해줄 건강한 레시피를 소개할게요. 지방과 정제 탄수화물, 염분 가득한 고열량의 파스타와 리소토, 스테이크가 '먹는 순간만 즐거운 음식'이라면, 지금부터 알려드릴 레시피는 '먹을 때와 먹고 난 후가 모두 즐거운 음식'이라고 할 수 있어요. 영양과 건강, 그리고 식욕까지 맛있게 채워주는 완벽한 건강 다이어트식을 만나보세요.

Falafel, Cucumber Raita, and Seasonal Condiments

팔라플과 오이 요거트, 계절별 곁들임

팔라플은 유대인들의 전통 콩 스테이크로, 겉은 바삭하고 안은 부드러워 재미있는 대조를 이루는 음식이에요. 이국적인 맛과 향을 가진 팔라플에는 상큼한 오이 요거트가 기본 곁들임이지만 계절별로 다양한 곁들임이 가능해요.

재료 - 2회 분량

익힌 병아리콩 2컵, 다진 양파 ⅔컵, 다진 마늘 1-2쪽,
다진 파슬리 2테이블스푼, 다진 고수 2테이블스푼, 소금 ½티스푼

Optional 그라운드 큐민 ½티스푼, 그라운드 코리앤더 ½티스푼, 카이엔페퍼 한 꼬집

오이 요거트

오이 ½개, 요거트 4테이블스푼, 레몬즙 ½티스푼,
곱게 간 참깨 ½티스푼 또는 타히니 1티스푼, 다진 민트 5장, 소금 약간

만드는 법

병아리콩은 8시간에서 하룻밤 정도 찬물에 불린 뒤 건져 냄비에 넣고,
콩이 잠길 정도의 물을 붓고 끓어오르면 중약불로 줄여 1시간-1시간 반 정도 익혀주세요.

오이는 씨 부분을 잘라내고 작게 자른 후, 나머지 재료와 섞어 오이 요거트를 만드세요.

병아리콩과 나머지 팔라플 재료를 블렌더에 갈고, 너무 두껍지 않게 패티(6개)를 만드세요.
팬에 기름을 두르고 중불로 달군 후 한 면당 1-2분 정도 갈색이 날 때까지 구우세요.

따뜻한 팔라플과 오이 요거트를 계절별 곁들임과 함께 드세요.

봄에 먹는 양파 잼

재료
양파 2컵,
화이트 와인 ¼컵,
꿀 2테이블스푼, 소금 약간

만드는 법
양파는 미디엄 다이스로 자르세요.

기름을 두른 팬에 미디엄 다이스로 썬 양파를 넣고 소금 간을 하세요.
양파가 부드러워질 때까지 3-5분 정도 볶아주세요.
화이트 와인과 꿀을 넣고 중불에서 10-15분 정도 졸이듯이 익힌 후 식혀주세요.

여름에 먹는 복숭아 포치

재료
복숭아 1개,
바닐라 빈 ½-1개,
화이트 와인 1½컵, 꿀 2테이블스푼

만드는 법
바닐라 빈은 반으로 갈라 씨를 긁어내고, 복숭아는 껍질째 8개 웨지로 잘라주세요.

냄비에 바닐라 빈, 와인, 꿀을 넣고 끓어오르면 복숭아에 부어 10-15분 정도
상온에서 포치한 뒤, 차게 식혀주세요.

Skinny Tip 자두, 천도복숭아, 살구를 써도 좋아요.

가을에 먹는 배 버터

재료
배 1개, 화이트 와인 1테이블스푼

Optional 시나몬 파우더 ¼티스푼,
넛멕 파우더 ¼티스푼, 꿀 적당량

만드는 법
배는 껍질을 벗기고 적당한 크기로 잘라
화이트 와인과 함께 블렌더에 곱게 간 후,
수분이 거의 없어질 때까지 약불에서 15-20분 정도 계속 저어가며 익혀주세요.

겨울에 먹는 애플 버터

재료
사과 1개, 화이트 와인 2-3테이블스푼

Optional 시나몬 파우더 ¼티스푼,
넛멕 파우더 ¼티스푼

만드는 법
사과는 껍질을 벗기고 미디엄 다이스로 자른 뒤 냄비에 넣고 화이트 와인을 부어
약불에서 10분 정도 익혀주세요. 와인이 다 날아가면 물을 조금씩 더해가며
사과가 부드럽게 으깨질 정도로 익히세요.

사과를 블렌더에 곱게 간 후, 다시 냄비에 넣고 약불에서 타지 않게 계속 저어주며
수분이 거의 다 날아갈 때까지 10-15분 정도 익히세요.

Whole Grain Pasta
with Lemon Coconut Sauce

레몬 코코넛 소스 파스타

크림을 쓰지 않고도 만들 수 있는 맛있는 파스타예요.
진하고 부드러운 코코넛 밀크에 레몬을 더해 상큼한 화이트 소스는 식욕을 자극해요.
여기에 통밀 파스타면을 써서 건강, 다이어트, 맛을 모두 잡았어요.

재료
통밀 파스타면 1인분,
레몬 코코넛 크림 소스(코코넛 밀크 ⅔컵, 레몬 제스트 1개분,
파미지아노 치즈(간 것) ¼컵, 소금·후추 약간)

만드는 법
파스타면은 끓는 소금물에 알덴테로 익힌 후 건져두세요.

팬에 코코넛 밀크를 붓고 가열해 끓어오르면 불을 낮추고 3분 정도 졸인 뒤,
파미지아노 치즈와 레몬 제스트, 파스타면을 넣고 잘 섞으세요.
소금 후추로 간하여 완성하세요.

Skinny Tip 레몬 ½-1개의 제스트를 가니시로 더해 레몬의 상큼함을 더 진하게 즐겨보세요.

Brown Rice Mushroom Risotto

레몬 버섯 리소토

이제는 리소토도 죄책감 없이 맛있고 건강하게 즐겨보세요. 버섯의 맛을 진하게 느낄 수 있고, 파슬리와 상큼한 레몬 제스트의 맛이 너무나 매력적인 리소토를 소개합니다.

재료
현미 1컵, 양파 2테이블스푼, 버섯 2컵,
화이트 와인 ¼컵, 물 ¼컵,
레몬 제스트 1개분,
파미지아노 치즈(간 것) 2테이블스푼,
다진 파슬리 1티스푼, 소금·후추 약간

만드는 법

현미는 압력밥솥에 익히고, 양파는 스몰 다이스로 자르세요. 버섯은 먹기 좋은 크기로 자르세요. 팬에 버섯을 넣고 소금 후추 간을 해 센불에서 빠르게 볶아주세요. 볶은 버섯의 반은 블렌더에 넣고 물 3-4테이블스푼과 함께 곱게 갈아 퓨레를 만드세요.

팬에 기름을 두르고 양파를 3분 정도 볶은 뒤, 화이트 와인과 현미를 넣고 와인이 현미에 다 흡수될 때까지 졸이세요. 여기에 물을 넣고 물이 현미에 다 흡수될 때까지 저어주세요.

버섯 퓨레 4테이블스푼을 넣고 섞어 농도를 맞춘 뒤
볶은 버섯, 레몬 제스트, 파미지아노 치즈, 파슬리를 더해 완성하세요.

Skinny Tip 현미에 물을 넣을 때 2-3번에 나눠서 넣고 끓이는 과정을 반복하면
더 부드럽게 만들 수 있으며,
이때 물은 버섯 육수(P. 37)로 대체할 수 있어요.

Whole Grain Penne
with Ricotta Tomato Sauce

리코타 치즈 토마토 소스 파스타

리코타 치즈를 이용해 만드는 토마토 소스 파스타에요. 크림 못지않은 부드럽고
진한 맛에 반하고, 칼로리도 낮아 또 한 번 반하게 돼요.

재료
통밀 파스타면(펜네 또는 푸실리) 1인분,
리코타 치즈 토마토 소스(마늘 1쪽, 양파 ¼개, 잘게 다진 토마토 1개 또는 홀토마토 200g,
리코타 치즈 ¼컵, 페코리노 로마노 치즈 ⅓컵),
바질 잎 7장, 소금·후추 약간

만드는 법
바질 잎은 채썰고, 마늘과 양파는 다지고, 페코리노 치즈는 갈아두세요.

파스타면은 끓는 소금물에 알덴테로 익힌 후 건져두세요.

기름을 두른 팬에 다진 마늘과 다진 양파를 볶아주세요. 양파가 투명해지면
토마토를 넣고 토마토가 부드러워질 때까지 5-7분 정도 익혀 토마토 소스를 만드세요.

볼에 리코타 치즈와 페코리노 로마노 치즈, 토마토 소스 2테이블스푼을
넣고 잘 섞어주세요. 그리고 이것을 팬에 부어 나머지 토마토 소스 재료와 섞어주세요.

파스타면을 소스와 잘 섞은 뒤
소금 후추로 간을 하고 바질 잎을 곁들여 완성하세요.

Skinny Tip 짭짤한 맛이 강한 하드 치즈인 페코리노 로마노는 파미지아노 레지아노로
대체할 수 있어요. 이 외에도 다양한 치즈를 써보세요.

Whole Grain Pasta
with Mint Yogurt Sauce

민트 요거트 파스타

마치 크림 같지만 상큼하고, 먹어도 부담 없고, 가벼운 느낌의 민트 요거트 소스를 만나보세요. 다이어트 식단에 꼭 필요한 저칼로리 파스타입니다.

재료

통밀 파스타면(페투치니 또는 링귀니) 1인분,
민트 요거트 소스(다진 민트 잎 ½컵, 마늘 1쪽, 요거트 5테이블스푼,
그라나 파다노 치즈(간 것) 1테이블스푼, 소금·후추 약간)

Optional 레몬 제스트 약간, 애플 민트 약간

만드는 법

파스타면은 끓는 소금물에 알덴테로 익힌 후 건져두세요.

마늘과 민트는 다지세요.

팬에 기름을 두르고 마늘을 살짝 볶다가 민트를 넣고 잘 저어주며 1분 정도 볶으세요.
여기에 요거트와 치즈를 넣고 볶아 민트 요거트 소스를 만드세요.
파스타면을 소스에 넣어 잘 섞고 소금 후추로 간하세요.

Skinny Tip 짭짤한 맛이 강한 그라나 파다노는 파미지아노와 비슷한 하드 치즈예요.

○ EPILOGUE ○

여러분은 이미 건강해지고
예뻐지는 비법을 알고 있답니다!

당 신 이 먹 는 것 이 당 신 이 됩 니 다 !

요즘 음식에 대한 인식 변화를 가장 잘 반영한 말이 있어요.

'You are What You Eat.'

당신이 먹는 것이 곧 당신이 된다는 뜻이에요.
  잘 먹고 잘 사는 것은 맛있는 것을 많이 먹는 것이 아니라 좋은 음식을 골고루 잘 먹는 것이며, 음식이 건강과 직결된 천연의 약과도 같다는 것을 사람들이 깨닫기 시작한 것이죠.
  하지만 많은 사람들이 건강한 음식을 먹어야 한다는 것을 알아도, 실천하려고 하지 않아요. 너무나도 귀찮고 번거로워 보이기 때문이에요. 특별한 재료를 구입해서 까다롭게 요리해 먹어야만 건강식인 줄 알기 때문이에요.
  한 번도 직접 실천해서 느껴보지 못했으니, 해야 할 필요성과 이유는 알지만 현실성 없는 성가신 잔소리일 뿐이라고 생각하는 것도 무리는 아니에요.

You Can Do It!

하지만 이 책을 읽은 당신은 달라요.
재료 선택부터 손쉬운 조리법까지, 스키니 셰프의 특급 레시피를 알게 되었으니까요.
맛있고 건강한 음식이 있다는 사실을 알게 된 것만으로도, 당신의 변화는 이미 시작된 거예요!
어렵지 않아요. 한번 해보세요. 나를 위해, 건강해질 내 몸을 위해서요.

약의 힘을 빌리지 않아도, 굶지 않아도, 많은 돈과 시간을 들여 시술을 받지 않아도, 여러분은 이미 건강해지고 예뻐지는 비법을 알고 있답니다!

방법은 간단하지만, 얻게 되는 결과는 결코 작지 않아요.
내 몸의 큰 변화, 행복한 변화를 느껴보는 거예요.

시작하세요. 스키니 셰프가 도와드릴게요.

YOU ARE WHAT YOU EAT!

스키니 셰프의 요리를
직접 먹어볼 수 있는 기회!

건강한 음식도 맛있다!
맛있는 음식도 건강하다!

노블 카페 & 헬시 다이닝
20% 할인권
사용기간: 2016. 3. 15 – 12. 31

주소: 서울시 송파구 신천동 29번지 롯데백화점 에비뉴엘 월드타워점 6층 프리미엄 식당가   문의: 02-3213-2636

- 식사 메뉴 주문 시 할인이 적용됩니다.
- 테이블당 1매 사용 가능합니다.
- 타 쿠폰이나 제휴할인 등과 중복 적용되지 않습니다.